給最親愛的你：

面對這個世界，
哪怕每天只是做一點點，
也要勇敢做自己喜歡的事。

試著跨出這一步，
學著擁抱世界，
其實你比自己想得更有力量。

擁抱生活的每一種可能，
與世界更好的相處，
做自己，成為自己。

每日一句正能量

給自己每天一次心的練習

①請選擇在「一天的開始」、「第一堂課的開始」、「第一件工作的開始」等時機使用本書，有助於讓混沌的思緒沉澱，進而邁開積極的步伐，為一日的種種前進努力。

②讀的時候，請默念正能量語句，或者「唸」出聲音來。用具體的動作，讓正能量確實轉化為自己的力量。

③每日讀一篇，不用多。完成後請用鉛筆在♡心的練習框中打✓。記得要用鉛筆！事後你會發現為什麼。

④別把「晨讀」這件事當作功課。不管昨日過得如何糟糕，今天的你只要在出發前多了一分改變，結果就會和昨日截然不同。

⑤用一點點的改變，一點一滴的積累你與他人的「不一樣」。

⑥每日一句正能量，心的練習。

今天的你如此不同　今天的你多麼不同
這個世界都屬於你　這個世界都等著你

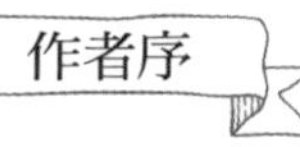

親愛的朋友：

人的一生，註定要經歷很多，

一段路上，

朗朗的笑聲；委屈的淚水；

懵懂的堅持；茫然的取捨；

成功的自信；失敗的警醒……

每一段經歷都彌足珍貴，

它必將令你憶起智慧，

生命的豐盈在於心的慈悲，

生活的美好緣於一顆平常心，不必雕琢。

踏踏實實做事，簡簡單單做人，

是我送給各位的兩句話，

也是我寫這本書的初衷。

各家名人推薦

人的一生，總不是想像中的那麼好，每個人的背後都會有辛酸，都會有無法言說的淚要流，都有自己的路要走。

只要記得，冷了給自己加件衣服，餓了給自己買個麵包，痛了給自己一份堅強，失敗了給自己一個目標，跌倒了在傷痛中爬起來，給自己一個寬容的微笑，繼續往前走，做最真實的自己。

不要以自己的標準來要求別人，也不要戴著有色眼鏡看人，因為每個人都有自己的喜好、個性以及價值。你看不慣的事，並不一定就是不好。幸福的理解有千萬種，每人的詮釋也不同，幸福是一點一點積累的，是一天一天經營的。

不要去傷害喜歡你的人，也不要讓你喜歡的人受傷害。

一個人就算再好，但不願陪你到老，那他就是過客。

一個人缺點再多，但能處處忍讓你，願意陪你到最後，就是幸福。

臺灣高等法院檢察署
檢察長

王添盛

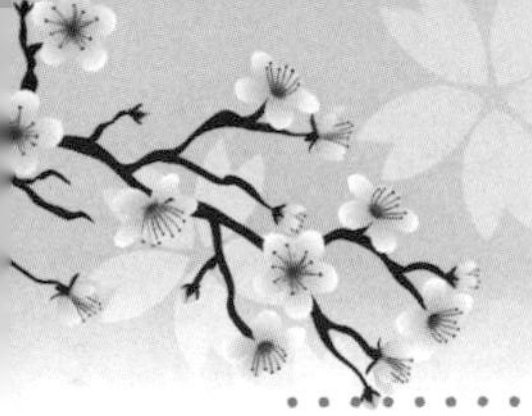

最好的話，不是說得漂亮，而是說到心上；最美的愛，不是風花雪月，而是患難與共；最遠的人，不是相距天涯，而是咫尺陌路；最好的朋友，不是天天見面而是常常想念；最真的祝福，不是冠冕堂皇，而是誠在心上。

人生不易，不要笑話別人，家家都有難唸的經，人人都有難唱的曲。

再風光的人，背後也有寒涼苦楚；再幸福的人，內心也有無奈的難處。

誰的人生都不易，笑人等於笑己，尊重別人就是尊重自己，誰的人生十全十美，誰的生活沒有薄涼，誰敢保證一直都是人生得意。

金無足赤，人無完人；做人要真誠、謙和，善待別人，溫暖自己。

連展科技股份有限公司
董事長
陳鴻儀

各家名人推薦

一切都是最好的安排……我們今生所有遇到的人和事，前世已註定；我們來世所有遇到的人和事，今生已註定。

生命中的一切，我們都無需拒絕，笑著面對，不去埋怨。遇到的人，善待；經歷的事，盡心，一切都是最好的安排。

上天不會無緣無故做出莫名其妙的決定，它讓你放棄和等待，是為了給你最好的。走到生命的哪一個階段，都該喜歡那一段時光，完成那一階段該完成的職責，順生而行，不沉迷過去，不狂熱地期待著未來，生命這樣就好。

不管正經歷著怎樣的掙扎與挑戰，或許我們都只有一個選擇：雖然痛苦，卻依然要快樂，並相信未來。

山有峰頂，海有彼岸。漫漫長途，終有迴轉。餘味苦澀，終有回甘。

浙江乾寧健康產業集團
總裁
麻浩珍

早早過了不惑之年了，對於人生，就如同白髮漁樵江堵上，慣看秋月春風。生命真的像滾滾長江東逝水，那有時間停下來，為過去哀傷。過去之所以叫做過去，因為它們真的已經是過去了。至於未來，相信輪迴的，認為人生像一本寫好的書，一天翻去一頁，而今生只是前世的延續。只有當下，是我們可以用自己意識來支配的。同樣的一分鐘，快樂是一分鐘，痛苦也是一分鐘。自己的心境，決定自己的心情。心情決定了磁場，磁場影響了生活的環境，環境造就了生活，走過的生活，就是生命軌跡。

「每日一句正能量」，就是您溫馨的提示。雖然有很多都是您可能耳熟能詳，或是似曾相識的，但是它總能像荒漠甘泉似的，若及時雨降，讓您溫故而知新。每每在緊要關頭，提醒您換個角度來處理，面對人生。孔子也說過勿意，勿必，勿固，勿我。畢竟在負能量影響下，受傷的只有您自己。

就這麼說吧，如果人生有眼淚要流，我會把它們留給美麗的感動，而不是哀愁。

財團法人侯政廷文教基金會

董事長

侯翠杏

各家名人推薦

命運喜歡跟人開玩笑，它用不幸去試探每個人，看人們作何反應。如果你哭了，就會將你欺負到底；如果你依然保持微笑，就會敬佩並扶持住你。

在命運的打擊下，依然能帶著疼痛微笑的人是值得尊重的，受到多大的傷痛也許只有他們自己最清楚，可是這種傷痛也讓人更加感受到生命的可貴。既然還活著，那就沒有理由不讓自己活得更好。

生活中令我們生氣和遺憾的事情太多了，如果沉浸其中，就沒有力氣再去做其他的事情。不如選擇笑著面對生活，那樣我們的身體就會隨時注滿能量。能量充沛了，心靈就會變得輕盈多了，美好的未來自然也不會太遠了。

邱再興文教基金會
董事長
邱再興

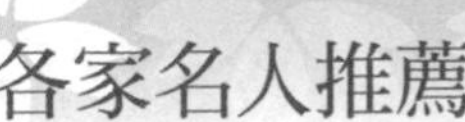

各家名人推薦

無論我們的個性和對未來的期望如何，在挫折和碰壁面前，我們若固執地不肯低頭，只會撞得頭破血流。適時的低頭、積極變通，才是真正勇敢的表現。唯有如此，我們才是真正認識了自己，也才有機會和勇氣，以積極的心態去迎接明天的挑戰。

人生的勝利不在於一時的得失，而在於誰能堅持走到最後。成功憑藉的不僅僅是一腔熱血，更重要的是我們的智慧。而「回頭」往往包含著新的轉機、新的開始和新的面貌，當我們「回頭」時才會發現成功的「出路」在哪裡！

科懋生物科技股份有限公司
董事長
陳澤民

心輕就能飛翔，心輕才會自由。孔子說，一簞食，一瓢飲，在陋巷，人不堪其憂，回也不改其樂；唐寅說，閒來寫就青山賣，不使人間造孽錢；馬克思說，勞動者為了「擁有這麼多」，只有為了「擁有這麼多」而生活下去，然而我們的生活就只需要「擁有這麼多」。

一個人不要太多的貪欲，才能讓心靈輕鬆，應當多為別人想一下，與大雁一樣，當一行白鷺齊上青天時，牠們的美，更在於是一群志同道合夥伴互相協助、互相鼓勵、直到實現共贏的過程。

毅太企業股份有限公司
董事長
洪團樟

人的一生，總避免不了要遭遇種種的困難和失敗，有的人因為一時的失敗就心灰意冷，一蹶不振。這樣的做法是不可取的，人生需要放眼長遠，超越成敗得失，更加有自信的面對未來。每一次失敗，都是一次超越的機會，消極的面對就會把一個人的活力與成長力剝削殆盡，變成行屍走肉。

只有用樂觀的情緒去笑對這一切，才會走的更遠！

鼎群工程有限公司
總經理
蔡清泉

大氣不是性格，是一種人格魅力。

不要憎恨你的敵人，
那會影響你的判斷力。
讓朋友低估你的優點，
讓敵人高估你的缺點。
日久不一定生情，
但一定見人心。
人貴在大氣，並請相信，
真正懂你的人，
絕不會因為那些有的、沒有的而否定你。
養好你的大氣。
大氣不是性格，是一種人格魅力。

★美好的一天，從養好大氣，日久見人心開始。

犯了錯誤就該誠實地認錯。

犯了錯誤就該誠實地認錯，
狡辯、諉過只會害了自己。
人生所有的問題，都靠成功來解決。
人生所有的成功，都靠成長來解決。
人生所有的成長，都靠學習來解決。
人生所有的學習，都靠自己來解決！
花開不是為了花落，是為了綻放！
生命不是為了光活著，
是為了活得精彩，活得快樂，
活的瀟灑，活的幸福！
這才叫來生不曠虧惜！
★美好的一天，從一路走過，一路安然，一路喜樂，一路菩提花香開始。

讓身心跟靈魂同步，也是一種修練。

心裡想著「我不可能有這一天」，
「那一天」就真的不會到來。
每想一次「不好的念頭」，它就越容易實現。
不好的念頭要排除，好的習慣要落實。
你可以做到晚上九點睡覺嗎？五點起床嗎？
光要實現這一點就非常的困難。
就好像感冒了，應該要多休息，
可是問問你的心，它真的有好好休息嗎？
還是躺在那邊休息，一顆心懸著在外面？
心裡所想的，不能符合身體所要的，
身體所要的，也不一定符合靈魂所要的。
深呼吸，讓身心跟靈魂同步，也是一種修練。

★美好的一天，從好好落實，學習，改變，修正開始。

貪婪是一種毒藥，人的欲望永遠沒有止境。

人，因為學不會三件事，
所以會不快樂：
一、休息；
二、付出；
三、放下。

貪婪是一種毒藥，人的欲望永遠沒有止境。
擁有了穩定的生活，還要去追求安逸，
擁有了安逸的生活，還要去追求奢侈的物質享受。
只要你的欲望沒有盡頭，就永遠不會快樂。
人生哲理，知足者常樂。
珍惜現在所擁有的，
你會發現你是世上最富有的人。

★美好的一天，從學會休息，付出，放下開始。

每個人的路都得自己走，累不累只有自己知道。

每個人的路都得自己走，累不累只有自己知道。
不是所有的委屈都能傾訴，想通了也就釋然了。
不言不語，不是不說，只是不想說；
無聲無息，不是無心，只是沒人懂。
有苦自我釋放，有樂欣然品嘗。
人生的路悲喜都要走，只有經歷了才能真正的懂得。
付出不要後悔，失去也不要遺憾。
世界上的事情，最忌諱的就是個十全十美。
你看那天上的月亮，
一旦圓滿了，馬上就要虧損；
樹上的果子，
一旦熟透了，馬上就要墜落。
凡事總要稍留欠缺，才能持恆。

★美好的一天，從不完美亦美，永不放棄開始。

真心對你好的朋友要深交，當下擁有的感情要抓牢。

人海茫茫，有幾人能走進心房；
歲月很長，有幾人能共度時光。
多少錯過，遺憾終生無法言說；
多少離別，無力挽留不知所措。
相遇容易，相識不易，也許一個轉身就是一輩子；
相知容易，相信不易，別拿信任充當利用的武器！
別等人走了，情淡了，才追悔莫及；
別等心遠了，緣散了，才知已錯過！
真心對你好的朋友要深交，
即使天涯海角也要常常聯繫，
當下擁有的感情要抓牢，
即便風飄飄，雪遙遙，那是一生的美好。

★美好的一天，從相知莫相忘，好好珍惜情誼開始。

心的練習

第7天

養成成功的過程，是一連串無數平凡無奇的行動組合而成。

學習與不學習的人，
每天看起來沒有任何差別，
每個月看起來差別也是微乎其微，
每年看起來差距雖然明顯，
但似乎也沒什麼了不起的。
經過了五年之後，
那可就是觀念的巨大分野。
等到十年再看，
也許就是一種人生，
對另一種人生。
養成成功的過程，是一連串無數平凡無奇的行動組合而成。
「今天不走，明天要跑」。

★美好的一天，從滴水穿石，十年功開始。

人脈等於錢脈，人脈等於命脈。

人脈等於錢脈，
人脈等於命脈，
人脈是全世界最寶貴的資源，
做事情的品質就是你的機會，
想要認識更好的、更優質的人脈，
那就先從「認識一個優質的人脈」開始。
發自內心的與人相處，
創造快樂與感動，
以及思考：
「我還可以為對方做些什麼？」
每一次、每一次都是在加分，
你的口碑將開始傳遞出去了，
你的優質人脈將開始擴展了。

★美好的一天，從為對方著想，利他開始。

如果你珍惜萬物，萬物必將珍惜你。

人對我好，心存感恩；人對我壞，心存懺悔。

順應別人，會得善緣；改變自己，會得善果。

如果你珍惜萬物，萬物必將珍惜你，這就是長壽。

如果你心懷萬物，萬物必將歸屬於你，這就是財富。

如果你施恩萬物，萬物也必將施恩你，這就是幸福。

「緩」可以三思；

「退」可以遠禍；

「捨」可以養福；

「靜」可以益壽。

健康，快樂，幸福，美滿。

★美好的一天，從緩，退，捨，靜開始。

人生能走多遠，看與誰同行；成就能有多大，看有誰指點。

人生能走多遠，看與誰同行；
成就能有多大，看有誰指點。
聰明的人看得懂，精明的人看得準，高明的人看得遠。
做人不成功，成功是暫時的；
做人成功，不成功也是暫時的。
所以，請記住：
再煩，也別忘微笑；再急，也要注意語氣；
再苦，也別忘堅持；再累，也要愛自己。
低調做人，你會一次比一次穩健；
高調做事，你會一次比一次優秀。
成功的時候不要忘記過去；
失敗的時候不要忘記還有明天，還有未來！

★美好的一天，從看懂，看準，看高，看遠開始。

愛的時候，讓他自由；不愛的時候，讓愛自由。

人生，總讓人無語。

笑的時候，不一定開心，也許是一種無奈；
哭的時候，不一定流淚，也許是一種釋放；
痛的時候，不一定受傷，也許是一種心動。

有時候，我們活得很累，並非生活過於刻薄，
而是我們太容易被外界的氛圍所感染，被他人的情緒所左右。

有些人，註定是生命中的過客；
有些事，常常讓我們很無奈。

其實與其傷心流淚，不如從容面對；
那麼別等不該等的人，別傷不該傷的心。
愛的時候，讓他自由；不愛的時候，讓愛自由。

★美好的一天，從只有看得淡一點，傷才會少一點開始。

學歷代表過去，學習力代表將來。

人生三階段：
比才華；比財力；比境界。
人若把自己框在一定的範圍內，
就容易限制了自己的思維和格局。
今天的優勢會被明天的趨勢代替，
把握趨勢，把握未來。
讀萬卷書，不如行千里路；
行千里路，不如閱人無數；
閱人無數，不如跟著成功人的腳步。
學歷代表過去，財力代表現在，學習力代表將來。
★美好的一天，從培養學習力開始。

心的練習
第13天

用一顆感恩之心，感謝經歷給我們的成長。

選擇其實很簡單，

往自己心裡感到踏實的地方走，靜下心聽自己的心聲。

用一顆美好之心，看世界風景，

用一顆感恩之心，感謝經歷給我們的成長，

用一顆平常之心，看人生得失成敗。

幸福，由心不由境。活著的核心是健康快樂。

心健才能身健，身健必須心健。

一個人的成就，不是以金錢衡量，

而是一生中，你善待過多少人，有多少人懷念你。

人生的賬簿，記錄愛與被愛，兩數相加，就是成就。

真正快樂的力量，來自心靈的富足，來自於一種教養，

來自於對理想的憧憬，也來自於與良朋益友的切磋與交流。

人生，總有路可走，風雨人生，淡然相隨。

★美好的一天，從只要快樂，就什麼都不缺開始。

用心去生活，別以他人的眼光為尺度。

今生，無論貴賤貧富，總有一天都要走到這最後一步。
到了後世，霍然回首，我的這一生，形同虛度！
我想痛哭，卻發不出一點聲音，
我想懺悔，卻已遲暮！
用心去生活，別以他人的眼光為尺度。
愛恨情仇其實都只是對自身，活著的每一天幸福就好。
珍惜內心最想要珍惜的，
三千繁華，彈指剎那，
百年之後，不過一捧黃沙。

★美好的一天，從過眼雲煙，好好活著開始。

痛的時候，可以大哭，但別耽溺悲傷太久。

沒有誰的人生會一帆風順，
成長的過程總會跌跌撞撞，
我們可以痛，可以悲傷，
可以大哭；
但別耽溺悲傷太久。

冷靜時候，不妨想想，
這道傷痕，能為我留下什麼？
人生一路上，我們聽說了很多道理，卻依然過不好這一生。
只因我們太執著相信命運公平、也太執著自己得失；
我們經常看到「生命無常」四字，
卻從未真正體會其中的深奧道理。

★美好的一天，從經一事，長一智，走出來開始。

把每一天都當作是新的起點。

學會讓自己安靜，把思維沉浸下來，
漸漸減少對事物的慾望；
學會讓自我常常歸零，
把每一天都當作是新的起點。
遇到心情煩躁的時候，喝一杯清茶，
放一曲舒緩柔和的音樂，
閉眼，回味身邊的人與事，
慢慢梳理新的未來；
或者盤腿打打坐，讀讀經。
這些即是一種休息，也是一種修行。

★美好的一天，從歸零，安住，重新，重心開始。

命運起伏由不得人，時光也不等人。

人那麼有情，那麼慷慨，卻又對命運那麼苛求。
人的世界，最缺的是豁達，豁達地與命運相處。
走過逆境，學習接受，不只是遺忘：
就像走出了隧道，別懊惱或者悔恨。
記得命運起伏由不得人，時光也不等人，
時光很脆弱，它禁不起你來來回回的辜負。
當你遇見黑暗時，請坦然地一步又一步走出來，然後你會看到光明。
如果你一直停留隧道之中，那麼逆境給你的黑暗，便沒有休止符。
但那不是命運對你殘酷，而是你選擇了殘酷；
因為是你，讓自己停留黑暗之中，

★美好的一天，從撥雲見日，堅定不移開始。

懂得付出就有付出的得，貪圖索取就有索取的失。

懂得付出就有付出的得，貪圖索取就有索取的失，
付出越多收穫越多，索取越多收穫越小。
人生就是由此種慣性趨勢主導，
你活在哪種狀態中，這種狀態就會愈演愈烈。
為別人喝彩，未必表示你就是弱者；
為別人喝彩，其實是一種美德；
為別人喝彩，更是一種智慧。
當你在賞識別人時，也會不斷提升和完善自我；
當你讚美別人時，還會收穫友誼與合作；
當你欣賞別人時，也是一個人格修養的過程。

★美好的一天，從欣賞別人，完善自我開始。

同時追兩隻兔子的人，一隻也不會逮到。

咖啡苦與甜，不在於怎麼攪拌，而在於是否放糖；
一段傷痛，不在於怎麼忘記，而在於是否有勇氣重新開始。
同時追兩隻兔子的人，一隻也不會逮到。
不要貪圖無所不有，不要試圖無所不知，
不要企圖無所不能，做你最擅長的事！
每個人都是上帝咬過一口的蘋果，都不完美，
有的人缺口比較大，是因為上帝特別鍾愛他的芬芳！
熱戀時，情侶們常感嘆上輩子積了什麼德；
結婚後，夫妻們常懷疑上輩子造了什麼孽。
同樣一瓶水，便利店裡十塊錢，五星級酒店裡卻五十塊。
很多時候，一個人的價值取決於所在的位置。

★美好的一天，從觀照自我，放對位置開始。

不要為爭一時輸贏，輸全部心情。

不要為圖一時之快，結難解之怨；
不要為爭一時輸贏，輸全部心情。
其實「不爭」是一份清醒，
其實「隨緣」是一種積極的心態。
隨緣，常常被理解為不需要有所作為，
其實，隨緣不是放棄追求，而是以豁達的心態去面對生活。
隨緣是一種智慧，可以讓人在狂熱的環境中，
依然擁有恬靜的心態，冷靜的頭腦；
隨緣是一種修養，是飽經人世的滄桑，
是閱盡人情的經驗。
不要因為別人的一句話，奪走你今天的快樂。

★美好的一天，從用隨緣心，面對人事的無常變化開始。

心裡沒你的人，等再久也是沒有用。

若總被忽視，又何必作賤了自己；
若不被珍惜，又何必苦苦去維繫。
學會放棄，是灑脫離開的美麗，更是自信的魅力。
時間，不要浪費在沒有價值的事情上；
感情，不要傾注在不懂珍惜的人身上。
有些主動，別人不理就算了；
有些在乎，他人不覺就罷了；
何必用真心換來傷心，最後只剩寒心；
何苦用重視收回漠視，最終只有無視。
心裡有你的人，不會讓你等到心痛；
心裡沒你的人，等再久也是沒有用。
沒有人值得，你把身段一再放低。
你是唯一，必須要有自信的魅力。

★美好的一天，從你很珍貴，所以要活得很高貴開始。

生活，是一部無字的書，每個人有每個人的讀法。

生活，是一部無字的書，
每個人有每個人的讀法；
生活，是一道多解的題，
每個人有每個人的答案；
生活，是一杯濃淡的茶，
每個人有每個人的品味。
做個簡單的人，
感覺累了，就停一停，健康重要；
心情悶了，就靜一靜，順其自然。
苦了倦了，就放一放，放鬆心情。
走的急了，就緩一緩，看看風景。
路不通了，就轉一轉，換個方向。
心不快樂，就變一變！

★美好的一天，從人隨心變，境隨心轉開始。

傷人的話，就像釘在牆壁上的釘子，待悔悟時拔下釘子，卻永遠留下了疤痕。

人受一句話，佛受一柱香。

口德，就是說話的道德，也就是不出口傷人。

說話不考慮別人的感受，最容易傷害到別人。

人的一生須練就兩項本領：

一是說話可結善緣，二是做事讓人感動。

若不注意口德，說出傷人的話，往往就像往牆壁上釘了釘子

待悔悟時拔下釘子，卻永遠留下了疤痕。

一個人若有一顆豆腐心，卻長著一張刀子嘴，

也往往會使人倍感寒心，而受到排斥。

少一點負面的語言，多一些正面的好話，

學會讚美別人，多講一些有意義的話，語言才會有分量。

培養自己的定力，把嘴巴管嚴實點。

★美好的一天，從不造口業，訓練一張「禪定」的嘴開始。

風風雨雨不辭辛苦，生活的路途不敢愧對。

這些年來總把自己難為，在人前假裝著無堅不摧，人後卻無聲落淚；
嘴裡強撐著說無所謂，心裡卻倍加憔悴。
這些年奔波勞碌是為了誰？
放不下的擔子，壓得自己特別疲憊，
做不完的工作，總讓自己忙得非常疲憊，
這些年來讓自己受了很多委屈。
付出的都是掏心掏肺，得到的卻是沒心沒肺，
在乎的全是傾情給予，收穫的卻是廉價卑微，
這些年來從不敢稍有頹廢，風風雨雨不辭辛苦，生活的路途不敢愧對，
分分秒秒不曾虛度，生命的賜予不敢浪費。
只有在無人之時，才會摘下堅強的面具，
面對鏡子看著自己，承認自己也有軟弱之處。
只有在夜深人靜，才會卸下小心的防備，面對自己坦露心扉。

★美好的一天，從逆增上緣，翻轉人生開始。

複雜的事情簡單做，你就是專家。

你的責任就是你的方向，
你的經歷就是你的資本，
你的性格就是你的命運。
複雜的事情簡單做，你就是專家；
簡單的事情重複做，你就是行家；
重複的事情用心做，你就是贏家。
美好是屬於自信者的，
機會是屬於開拓者的，
奇蹟是屬於執著者的！
你若不想做，總會找到藉口；
你若想做好，總會找到方法！

★美好的一天，從聚焦，簡單，用心去做開始。

只要心靜、心淨、心敬，境就靜。

心靜—可以看得到大自然最美的一面。
心淨—可以聆聽到大自然傳達的訊息。
心敬—可以意會出大自然生命的智慧。
心境—可以容得下大自然豐碩的能量。
只要心靜、心淨、心敬，境就靜；
心地寧靜的風光，無限美好。

★美好的一天，從莞爾一笑迎太陽開始。

心的練習
第27天

行到水窮處，坐看雲起時。

世界上沒有絕望的處境，
只有對處境絕望的人。
絕境下，心態和意志決定生存。
人生沒有絕境，
失去什麼也不能失去希望。
絕境不僅僅是一場磨難，
更是人生的一種醒悟和昇華。
行到水窮處，坐看雲起時。
即使走到山窮水盡之時，
也能有閒心看白雲悠悠。
船到橋頭自然直。
不直，也能坐看行船流水。

★美好的一天，從天下無難事，只怕你沒心開始。

微笑具有移山的力量，淡然一笑，有時勝過千軍萬馬。

人生難得四境界：

一是痛而不言，無言不是不痛，而是直面悲痛、疼痛和慘痛。

二是笑而不語，微笑具有移山的力量，淡然一笑，有時勝過千軍萬馬。

三是迷而不失，淡定是人生修煉，癡迷和失態會傷及自身。

四是驚而不亂，寵辱很難不驚，心驚則心動，而動中有靜、驚而不亂則具有別緻之美。

★美好的一天，從痛不言，笑不語，迷不失，驚不亂開始。

保留一顆勇敢的真心。

絢爛的花朵，成熟的身心，
來自多年的磨礪，人放鬆，心放平，
讓生活輕鬆，讓生命豐厚，
其實，人活著不就是一種情懷，
活著要的就是一種心態。
願所有人都保留一顆勇敢的真心，
成為最終那個勝利的人。
然後，
一切付出都得到補償，
一切美好都值得期待。
你只欠自己一個幸福的模樣！

★美好的一天，從找回原味，得到幸福開始。

別把眼光停留在想像中，你擁有的就是你的幸福。

我們有時會錯誤地以為，
得不到的，才是珍貴的，
已經擁有的，都是廉價的。
得不到的因為缺少深入的瞭解，
它只是一種美好的假像，
展示給我們一個絢麗的外表。
如果有那麼一天，你距離它近了，
知道了它的真相，你才發現，
它和我們擁有的，
竟是那麼的相似。
別把眼光停留在想像中，
你擁有的就是你的幸福。

★美好的一天，從看你有的，不看你沒有的開始。

人生最重要的是認識自己。

人生最重要的是認識自己，
知道自己的目標、方向和實力，
而不要在乎別人如何議論你，
永遠不要怪別人不幫你，
也永遠別怪他人不關心你。
活在世上，我們都是獨立的個體，
痛苦難受都得自己承受。
沒人能真正理解你，
人生路上，我們都是孤獨的行者，
如人飲水冷暖自知，
真正能幫你的，永遠只有你自己。

★美好的一天從努力到無以倫比，奮鬥到感天動地開始。

人生如茶，總要苦一陣子，但不能苦一輩子。

有時候，認識的人越少反而越好，
不要強融與自己有距離的圈子，
更不要以認識誰見過誰，而作為吹牛資本。
沉住氣，別去巴結誰，
不強求人幫忙，也別勉強不量力地去幫朋友；
別人的奇蹟和你無關；
多看書，多走路，
心情好了，上班路上都是旅行……
沒有解不開的難題，
只有解不開的心緒。
沒有過不去的經歷，
只有走不出的自己。
人生如茶，總要苦一陣子，但不能苦一輩子。
★美好的一天，從努力了、珍惜了、問心無愧開始。

心的練習

第33天

做事不需要人人都理解，只要盡心盡力。

雄鷹，沒有人鼓掌，也一樣繼續飛翔；
做事不需要人人都理解，只要盡心盡力；
夢想的堅持，註定有孤獨徬徨，
因為少不了他人的質疑和嘲笑。
世界上沒有誰優不優秀，
逼到絕路誰都卓越；
有了退路，誰都平庸！
膽量大於能力，魄力大於努力。
想更成功別猶豫，
請堅定地告訴自己，
再試一次！

★美好的一天從即刻行動，成就自己開始。

想要改變口袋，先要改變腦袋。

不論今天多麼的困難，都要堅信：
只有回不去的過往，沒有到不了的明天。
你成不了心態的主人，必然會淪為情緒的奴隸。
千金難買早知道，
萬金難買後悔藥。
觀念一變，腰纏萬貫，
觀念不變，原地打轉，
想要改變口袋，先要改變腦袋，
意志決定你的成功，
進取決定你的未來！
懷疑和等待永遠看不到未來，
★美好的一天，從拚搏的人生才會更精彩開始。

當人遇到生死，你會發現，其實一切都是過眼雲煙。

當晚上躺下來的時候，仔細的想想，
其實人活著真的不容易。
每一天都會發生你想不到的事情，
有高興的，有生氣的，
有無奈的，有傷心的，
有哭笑不得的，有解釋不清的……
不管是什麼樣的事兒，都是對你的一種挑戰。
當人遇到生死，你會發現，
其實一切都是過眼雲煙。
人生就是一個磨練的過程，
如果沒有這些，你永遠都不會成熟。

★美好的一天，從風雨中奔跑，對自己說一聲：昨天挺好，今天很好，明天會更好開始。

簡單的事情重複做，重複的事情用心做。

人的痛苦哪來的？追求錯誤的東西過多。
放下還好，就是放不下還給自己煩惱，
別人不可能給你煩惱的。
因為你的內心太脆弱了，若要堅強你必須放下。
永遠要感謝給我逆境的人，讓我不斷創造非凡的人生。
成功的秘密，根本不是秘密，
成功的秘密，那就是不停地做。
簡單的事情重複做，重複的事情用心做，
如果你真的努力了，
態度端正了，找對位置了，
目標明確了，心胸豁達了，
你會發現自己比想像的要優秀得多。

★美好的一天，從端正態度，找對目標開始。

相信，一切都是最好的安排。

生活，就是朝起暮落的輾轉；
人生，就是月缺月圓的浮沉。
一個懂得感恩的人，定是一個善良的人；
一個胸懷若谷的人，定是一個心地澄明的人。
心中有多少恩，就有多少福；
心中有多少怨，就有多少苦。
要相信任何事情的發生都有其原因，並有助於你，
相信一切都是最好的安排，
相信宇宙中所有事情的發生，
都是來幫助你，實現目標和夢想的，
要嘛為了考驗你，要嘛為了成就你，

★美好的一天，從心存感恩，才會獲得源源不斷的正能量開始。

有些人嵌在記憶裡，卻並不屬於你。

在心底埋葬一個人，
永遠不像埋葬一顆塵埃一樣簡單輕易。
有些人嵌在記憶裡，卻並不屬於你，
他只屬於你生命經歷和疼痛的一部分。
難以釋懷的東西一定是對它太過在乎，
躲在孤獨的角落裡撫摸傷痕，
那裡依舊感傷潮濕，
時間過去了很久還會習慣，
記起些什麼，當告別往事，
走進下一個風景時，仍有一絲莫名的痛覺。
人生中有些歡樂可以和人分享，
有些紮根很深的痛，永遠都不能和別人分擔，
選擇將自己永遠消失，是為了對另一顆心永不打擾。

★美好的一天，從留下美好記憶，向往事乾杯開始。

心的練習
第 39 天

絆住腳的，往往不是荊棘和石頭，而是心。

有的路，是腳去走。
有的路，要心去走。
絆住腳的，往往不是荊棘和石頭，而是心。
所以，看起來是路鋪展在我們眼前，
實際上，是心撲騰在路上。
人生最怕的幾個字就是：
「試試」、「等等」、「看看」、「想想」！
沒有勇氣付出行動，去實現自己的夢想。
如果你沒有去行動，你永遠不會發現，
自己也可以創造奇蹟！
有時候不逼自己一把，
就不知道自己有多強大！
★美好的一天，從逼自己一把，身心合一，從腳下開始！

嘴巴是別人的，但人生卻是自己的。

嘴巴是別人的，但人生卻是自己的！
不要只聽別人那些消極、悲觀的話，
因為他們只會潑我們的冷水，澆熄我們的毅力。
我們要將充滿力量的語言，
時時牢記在心裡，因為這將影響我們往後的一生。
嘴巴長在別人嘴上，但自己卻要走屬於自己的道路。
在這個現實的社會裡，
即使我們遭受旁人無情的冷落、批評、否定，甚至排擠，
也不能哀聲歎氣、自怨自悲，
唯一能否定我們的人，只有我們自己！

★美好的一天，從別人的嘴巴，自己的道路開始。

認識痛苦，正視痛苦，才能解決痛苦。

認識痛苦，正視痛苦，才能解決痛苦。
不然，一味的蒙蔽自己，以苦為樂。
那永遠都離不開痛苦。

人生所謂的能耐，就是既有能力又能忍耐。
沒有能力的人做不了事，
沒有忍耐的人成不了事。

種下能力，不一定會結果；
種下忍耐，常常會有意外收穫。

能力是鍛鍊出來的，忍耐是磨煉出來的。
能力與忍耐相輔相成，
沒有能力的忍耐是一種懦弱，
沒有忍耐的能力是一種危險。

★美好的一天，從培植能耐，離苦得苦開始。

人生是無常的，只是我們常常忘了，這個大自然消長的法則。

人生是無常的，
只是我們常常忘了，
這個大自然消長的法則，
而以為自己是長久不變的，是能主宰一切的，
殊不知很多人終其一生，只顧在人生舞臺上，
爭權奪利，卻忘了他自己終將會死。
如果他能體會出：
「人的生命，只在呼吸間」，
世界上的東西，沒有一樣是屬於自己的，
一切都只是暫時借給我們使用罷了！
別忘了，這個世界我們只有使用權，
並未擁有所有權！

★美好的一天，從珍惜生命，豐富生活開始。

心的練習

第43天

投入的每一分努力，都會在未來的某一天，回饋於你。

人生就像一個儲蓄罐，
你投入的每一分努力，
都會在未來的某一天，回饋於你。
而你所要做的，就是每天多努力一點點。
請相信：
別人擁有的，不必羨慕；
只要努力，時間都會給你。
努力了才叫夢想，放棄了就只是妄想！
認真的人改變了自己，
堅持的人改變了命運。
有些事情，不是看到了希望才去堅持，
而是堅持了才有希望！

★美好的一天，從用最好的自己，迎接美好的一天開始。

再遠的路，走著走著也就近了。

當你真心想做一件事時，
全世界都會給你讓路；
當你只想試一試的時候，
總能找到不去努力的藉口；
當你連嘗試都不願意的時候，
便能找到一萬個不做的理由。
成功之道，貴在堅持！
再遠的路，走著走著也就近了；
再疏的人，交往交往也就親了；
再高的山，爬著爬著也就平了；
再難的事，做著做著也就順了；
每次重複的能量，不是相加，而是相乘！
而是重複的力量，堅持的結果！

★美好的一天，從追求蛻變，努力不懈開始。

心的練習
第45天

與其用盡心機，不如靜心做事。

做一個人，必須要有思想，有社會責任感，
相信自己比依賴別人重要。
不同的人做事肯定不一樣，上司一般都會看出來的。
只要盡心盡力做事，就不會被埋沒，
除非你對自己的能力有懷疑。
關鍵是要擺正心態，
有機會時，就為社會多做點兒什麼，
沒機會時要記住：「為自己打工」，
積累更多的有形無形資本，
不論人生際遇如何，及時努力都不會錯。
不論怎麼用盡心機，都不如靜心做事。
尤其是多做一些，能夠體現自身價值的事，
這會讓我們終生受益。

★美好的一天，從盡心在我，全力以赴開始。

不登山，怎知山高；不涉水，怎曉水深？

生命不是一場比賽，而是一次徒步旅行。
比賽在乎終點，而徒步在乎沿途風景。
不登山，不知山高；不涉水，不曉水深；
不進沙漠，怎知其絕妙。
徒步，可以使你中斷每天周而復始的凡人瑣事，
讓自己的胸懷得以舒展，心靈得以淨化！
凡事不以他人之過報人，
你會多一份平和，少一份糾結，
堅持內心的平和，不急不躁不驕，多一份雅量。

★美好的一天，從慢走慢活，沿途欣賞開始。

每一次的醒來，都是生命新的開始。

每一次的醒來，都是生命新的開始；
無論生活給予了你多少考驗，世人對你有多少誤解，都沒關係，
做好自己才是最重要的；
人生最難能可貴的是，
看透一切後，還能每天保持著激情，
去創造去實現你存在的價值；
沒有曲折的人生，就會少看到許多沿途的風景。
人最先衰老的不是容貌，而是那份不顧一切的闖勁。
有時候要敢於背上，超出自己預料的包袱。
經歷一段努力過後，你會驚訝地發現：
很多所謂的遠方，其實並不遙遠。

★美好的一天，從花若盛開，蝴蝶自來，一切靠自己開始。

人生總是從告別中走向明天。

人生再多的幸運、再多的不幸，
都是曾經，都是過去。
好與不好都走了，幸與不幸都過了，
一如窗外的雨，淋過，濕過，走了，遠了。
曾經的美好留於心底，曾經的悲傷置於腦後，
不戀不恨。
過去終是過去，
那人，那事，那情，任你留戀，都是雲煙。
學會忘記，懂得放棄，
人生總是從告別中走向明天。
學會感恩，學會付出，學會包容，學會擔當，
全世界都會為你讓路！

★美好的一天，從忘了過去，活在當下，走向未來開始。

不丟根本，不忘初衷，一個人才能活得從容。

不管遇見任何人，真誠才能走進心裡；
無論碰到任何事，善良永遠不過期。
美麗的外表也許會打動別人，
但真誠的內心更能感動別人；
強勢的語氣也許會讓人口服，
但善良的行動更會讓人心服。
不做作，不敷衍，不世故，
就是一個人的真；
懂包容，懂尊重，懂讓步，
就是一個人的善。
不丟根本，不忘初衷，
一個人才能走得從容，站得穩定。

★美好的一天，從返樸歸真，莫忘初衷開始。

不去計較得與失，人生本就有捨有得。

生活就是一場修行，
給我們磨礪，讓我們變得堅強，
給我們離別，讓我們知道聚的喜悅，
給我們苦，讓我們知道什麼是甜，
給我們失去，讓我們懂得擁有時珍惜，
給我們缺憾，讓我們領略完美的涵義，
有情的歲月裡，每個人都可以做真實的自己。
擁一顆簡單的心，做個單純的自己，
依一份快樂的暖，做個幸福的自己，
不去計較，得與失，人生本就有捨有得。
不必在意，白與黑，生活本就有酸有甜。
平淡的日子，心依暖陽，靜候花開。

★美好的一天，從苦樂離合，留一顆佛心；花開花落，留一份珍重開始。

怨天者無志，怨人者心窮。

怨天者無志，怨人者心窮。

善心，點亮心燈；慧心；使心燈長明。

善良的人，往往可以逢凶化吉；

覺慧的人，常常可以化險為夷。

社會，向善的人越多就越和諧，

人生，感恩的心越多就越美好，

不說他人長短，不念他人恩怨，是善心；

時刻誠心待人，日夜專心做事，是懿行。

心地善良的人，容貌一定動人，

心裡知足的人，生活一定快樂。

★美好的一天，從善心，慧心，寬心，知足常樂開始。

人生不怕重來，就怕跌倒了站不起來！

不驚擾別人的寧靜就是慈悲；
不傷害別人的自尊就是善良。
人活著，發自己的光就好
不要吹滅別人的燈，
做自己該做的事。
時間，每天都是新的！
從醒來的那一刻起，
就給自己更多嶄新的可能：
人生不怕重來，
就怕跌倒了站不起來！
世界上所有成功的人，
都是不安於現狀的人。

★美好的一天，從積極進取，把握機會，做最棒的人開始。

人一旦能夠做到虛懷若谷，便能夠匯集百河而成為汪洋。

上善若水，從善如流，

如水人生，隨緣而安；

做事像山，

山因形走勢，因勢走形，

一切皆因之挺拔、高峻。

人一旦能夠做到虛懷若谷，

便能夠匯集百河而成為汪洋；

人如能做到無欲無爭，

便能如峭壁一般，屹立雲霄。

一個人只有經歷了，

漫長的人生跋涉後，

才能最終明白，生命的意義不在於獲得，而在於放下。

★美好的一天，從海納百川，無欲則剛開始。

成功既取決於有多少人肯幫你，也取決於有沒有人想害你。

成功既取決於有多少人肯幫你，
也取決於有沒有人想害你。
但你不能把快樂建築在別人的痛苦上，
而要把生存建立在別人的需求上。
給別人一個臺階下，
會使自己立得更高；
給雙方留有餘地，
會使自己更容易轉身。
公司需要你，是你的福音。
顧客需要你，是你的造化。
同事需要你，是你的善緣。

★美好的一天，從廣結福報，廣納善緣開始。

生命在痛苦中得到昇華，意志在痛苦中得到鍛鍊。

生命就是一次次蛻變的過程。
唯有經歷各種各樣的折磨，
才能增加生命的厚度。
一個人的成長過程，
恰似蝴蝶破繭的過程，
在痛苦的掙扎中，
意志得到鍛鍊，
力量得到加強，
心智得到提高，
生命在痛苦中得到昇華。
當你從痛苦中走出來時，就會發現，
你已經擁有了飛翔的力量。

★美好的一天，從鍛鍊折磨，破繭而出，展翅而飛開始。

做一個你喜歡的自己。

追尋夢想的路上，
總會遇到很多打擊跟挫折，
甚至還有很多流言蜚語，
如果你因此而放棄，
換再多目標也難達成。
我們都不是天才，
但只要堅持信念不放棄，
並從打擊和挫折中站起，
你的第二人生一定能夠很精彩，
做一個你喜歡的自己，
不管過程多艱難，都要努力，
有天你能創造出屬於你自己的勝利！
★美好的一天，從堅持信念，永不放棄開始。

放下自尊，並不是摧毀自尊。

放下自尊，
並不是摧毀自尊，
而是放開一些無謂的執念，
是向你追求的目標前行，
讓你的內心多一份強大的自信，
畢竟，在你沒能成為，
你想要成為的人之前，
你那點自尊根本不值錢。
一個其貌不揚的人，
有可能是真正的強者，
反而一個光鮮亮麗的人，
可能是十足的弱者。
我們所有的評價，

都是基於自己的立場和人生經驗。
而這也正是評價失當的原因：
我們從未經歷別人的人生，所以不要輕易評論。

★美好的一天，從人不可貌相，看腳下，管好自己開始。

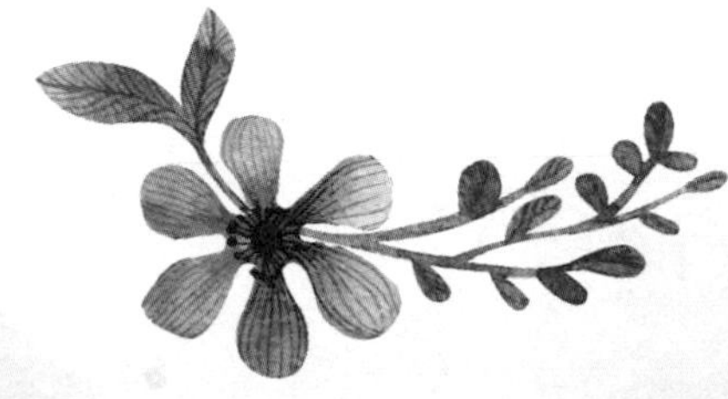

用真誠，化解矛盾。

要避免與人結怨，
就要用真誠來化解與人矛盾。
智者用真誠化解仇恨，
用真誠來贏得利潤，用真誠獲得朋友。
要懂得運用幽默，來使交流變得更加有趣。
在指責對方的錯誤時，千萬不要直接告訴對方，
要懂得運用謙虛的策略，
巧妙地讓人意識到自己的錯誤。
多看別人的優點，
不隨便批評別人，
要學會真誠地讚美他人，
讓他有一種「被重視感」。

★美好的一天，從誠以待人，說好話開始。

沒有烏雲密佈的時候，我們就不會去珍惜陽光。

世間有許多事情，是不可逆轉的：
烈日給予萬物生長的光芒，
我們卻必須面對，許多不見天日的陰霾；
圓月帶給人類不盡的遐想，
我們卻必須接受，殘缺不全的輪迴。
我們都喜歡，風和日麗，晴空萬里，
我們卻必須迎接電閃雷鳴，風雨交加的洗禮。
也許，偉大的自然界，是在向我們昭示：
沒有烏雲密佈的時候，
我們就不會去珍惜陽光。

★美好的一天，從逆增善緣，隨緣而安開始。

底氣就是，品盡滄桑，而寵辱不驚。

我說的底氣，不是身外之物的擁有。
這樣的底氣就是，品盡滄桑而寵辱不驚。
說到底，就是無論面對，
怎樣的際遇都能從容不迫。
你慌惶著什麼，
就在意些什麼。
說到底是因為，害怕失去。
有底氣的人，
面對得失榮辱不悲不喜，
僅淺笑便了然於胸。
這樣的生活，一個「淡」字，
媲美於石破天驚的氣勢。

★美好的一天，從淡泊名利，恬靜自如開始。

成功沒有秘訣，貴在堅持不懈。成功沒有秘訣。

貴在堅持不懈，
任何偉大的事業，成於堅持不懈，毀於半途而廢。
其實，世間最容易的事是堅持，
最難的，也是堅持。
說它容易，是因為只要願意，人人都能做到；
說它難，是因為能真正堅持下來的，終究只是少數人。
能使你達到目標的奧秘，
唯一的力量，
就是你的堅持精神，

★美好的一天，從不放棄，堅持到底開始。

只要你還活著，就已經具備完成夢想的資本。

沒有夢想就去設計夢想，
沒有能力就去提升能力，
沒有條件就去創造條件，
沒有人脈就去建立人脈，
你沒有的一切，都不是你不能實現夢想的阻礙，
只要你有夢想，只要你還活著，
就已經具備完成夢想的資本。
請不要告訴我，
你又沒時間了，你又沒空了，
那我只能告訴你，
你永遠是別人的見證者。

★美好的一天，從就是要有夢想，去體現夢想開始。

人生無時不在選擇，一念之間的抉擇，決定日後的悲喜。

榮耀來到時，要檢查自己的心，
否則傲慢的高牆，會隔絕自己的視野，
煩惱臨頭時，要檢查自己的心，
否則嗔怒的火焰，會焚毀自己的功德，
處境紛亂時，要檢查自己的心，
否則貪欲的洪流，會淹沒自己的意志，
得失憂患時，要檢查自己的心，
否則疑嫉的邪風，會吹垮自己的信心。
一念之慈，是一切美好的開始；
一念之惡，是一切悲劇的源頭。
善與惡只一紙之隔。
人生時時刻刻，都走在善惡中間，

稍左是善，稍右即惡。
人生無時不在選擇，
一念之間的抉擇，
決定之後若干時日的悲喜，
甚至是一生繁華與蒼涼。

★美好的一天，從心存一善，勝過百日修行開始。

一個人的外表如何並不重要，重要的是他的「心」。

一個人的外表如何並不重要，重要的是他的「心」；

在追求名利富貴的這條路上，

我們可以穿著很體面、可以打扮得很高尚；

荷包裝得飽飽、外表光鮮亮麗；

在別人面前，我們可以裝、可以騙、可以很……

但是我們的內心，就會因此而相對富足了？

我們可曾靜下心來，往自己的內心去探討，

試著更了解，自己是一個什麼樣的人？

打開內心的百寶箱，我們是否看見了，

自己的自信、坦率、平靜、寬容、謙和、柔軟的本性？

唯有自己，才真正知道自己是什麼！

★美好的一天，從不浮誇，找回真性情開始。

真情意，不是一時興起，而是一世相依。

感情再深，你不去呵護，慢慢就淡了。

許多熟悉的事，你不去回味，漸漸就忘了。

一句想你，會倍感幸福。

當愛在時，就要好好去珍惜。

好緣分可遇不可求，有緣的人才能聚首；

真感情可守不可丟，有愛的心永不說分手。

別把真心愛過，變成曾經擁有；

別把一次過錯，變成一生錯過。

真情意，不是一時興起，而是一世相依。

所謂的人生，就是，經歷不完的酸甜苦辣。

★美好的一天，從信守承諾，不離不棄開始。

心的練習

第66天

遇見不論早晚，真心才能相伴；朋友不論遠近，懂得才有溫暖。

遇見不論早晚，真心才能相伴；
朋友不論遠近，懂得才有溫暖。
轟轟烈烈的，未必是真心；默默無聲的，未必是無心。
把一切交給時間，總會有答案。
平淡中的相守，才最珍貴；簡單中的擁有，才最心安。
有太多的飛揚思想，總在冥思苦想過後，
才明白生活是多麼需要，好好的愛自己和愛他人。
有太多的感覺總在千山萬水後，
才明白感情是多麼需要好好的把握和珍惜。
短的是歲月，長的是真情。
相遇在緣，相守在心。

★美好的一天，從願歲月靜好，願朋友安好，願友誼長存，願天天快樂開始。

在這未知的世界，努力去做那些喜歡的事情。

在這未知的世界，努力去做那些喜歡的事情，
不要閒下來，
把所有的時間，都用到自己喜歡的事情上，
不要怕沒結果，不要怕沒成功，
最怕你一生碌碌無為，還安慰自己平凡可貴。
認真努力的，做某件事情的時候，
最後無論結果如何，
但你一定真真正正，喜歡那種充實感。
為了夢想，為了喜歡，
拚命去做，那都是相當的可愛。

★美好的一天，從全心全力，做好一件自己喜歡的事開始。

心的練習
第 68 天

好不好是一回事，喜歡不喜歡是另一回事。

這個世界，總有你不喜歡的人，也總有人不喜歡你。
這都很正常。
而且，無論你有多好，也無論對方有多好，
都苛求彼此不得。
因為，好不好是一回事，喜歡不喜歡是另一回事。
刻意去討人喜歡，折損的，只能是自我的尊嚴。
不要用無數次的折腰，去換得一個漠然的低眉。
紆尊降貴換來的，只會是對方愈發地，居高臨下和頤指氣使。
沒有平視，就永無對等。

★美好的一天，從要有骨氣，活出尊嚴開始。

以平常心對待生活，生活，將無處不是勝境。

一首歌可以，撩起一段記憶，
一杯茶可以，味染一份心情，
原來，千般跋涉，萬種找尋，
要的，不過是一顆平常心，
識得寬容，懂得放下
以平常心對待生活，
生活，將無處不是勝境，
識得進退，懂得回歸，
以平常心對待人生，
人生，將無處不是坦途！

★美好的一天，從知所進退，瀟灑走一回開始。

果斷捨棄掉我們不想要的，讓生活變得非常簡單、純粹。

人生而為人，其獨特的一生，就是為了追尋生命的意義，
把私利放在一邊，為了超越自我做好自己，多給予，少索取。
我們不僅僅是在表現最基本的人性，
我們也應該承認：
追求幸福，並不是生命的全部意義。
果斷捨棄掉我們不想要的，不喜歡的，
讓生活變得非常簡單、純粹，
我們要把精力用來做更重要的事。
放棄一些機會，不是因為不上進，
而是為了更好地享受當下的生活。
著一襲素衣，迎風而行，能跑能飛，
連微笑都像蒲公英一樣，四處飄散。

★美好的一天，從智取捨得，一捨便得開始。

沒有經過處理就表達的情緒，也會傷害他人，造成難以彌補的結果。

生氣，憤怒，在我們的生命中，都曾經發生過。
但當我們面臨這些情緒時，我們的反應是什麼呢？
是逃避衝突，還是面對衝突？
是發洩怒氣，很情緒化地表達自己？
還是冷靜下來，表達自己的感覺？
甚至有時候，我們忘了生氣，
或是不敢生氣，只能悶在心裡，
壓抑自己，感到委屈與無助，沒有去感受憤怒的情緒，
甚至用微笑去說著令自己憤怒的事。
沒有經過表達的情緒，
會累積在身體裡，形成毒素與腫瘤。
沒有經過處理就表達的情緒，
也會傷害他人，造成難以彌補的結果……

★美好的一天，從適當的表達感覺，找到情緒的出口開始。

心的練習
第72天

但做好事，莫問前程。

行善無求福自來。

行善而不求回報的人，

經常能夠得到，意料之外的回饋，

這是因果回轉的自然規律。

善良之人經常造福於他人，

實質上也是造福於自己。

「說明別人，就是說明自己」，

這句話絕不只是簡單的因果報應，而是做人的根本。

但做好事，莫問前程。

★美好的一天，從凡事默默付出，福報不求自來開始。

選擇之前可以懷疑，選擇之後必須相信。

成功的路上只需三步。
第一步：「相信」，
選擇之前可以懷疑，
選擇之後必須相信。
第二步：「行動」，
給夢想插上翅膀才能飛翔，
讀萬卷書不如行萬里路。
第三步：「堅持」，
任何夢想的實現，
都是持續努力的結果。
一鍬挖不出井來！
相信！行動！堅持！生命就是這樣綻放！
與有夢想的人同行！

★美好的一天，從乘夢而來，讓夢起飛開始。

心大了，事就小了。

螞蟻在地上爬時，再小的石頭，都是天大的障礙；
如果是大象行走，石頭根本不在話下，只有大山才是障礙；
如果是老鷹飛翔，再高的山峰也能輕易飛過。
有高度的人是沒有困難的，
因為行走的高度不一樣，做事的格局也不一樣。
我們要修煉的是，如何提升自己的高度，
而不是每天專注困難。
心大了，事就小了！
生命是一場自我的修行，
只有起點，沒有終點，
我們一直在路上！

★美好的一天，從行走高山，胸懷千里開始。

你遭受的反對、議論、嘲笑，這一切都是正常的，千萬不要因為這些聲音，而放棄你的追求。

人的一生，過得好是精彩，過得不好是經歷。
輸也罷、贏也罷，又何必在意別人的看法。
找準你的路，堅定你的心，
走下去功成名就的時候，
你會發現過去，
你遭受的反對、議論、嘲笑，
這一切都屬於正常的！
不要因為這些聲音，
而放棄你的追求。
正因為有了這些聲音，
才讓你變的更加強大！

★美好的一天，從逆風適合飛翔，諫言是行動的力量開始。

不要感歎生命渺小，再渺小的生命，只要心有定力，終會達到目的。

不要感歎生命渺小，
再渺小的生命，只要心有定力，終會達到目的。
抱定一份和氣，來看待這生活的一切，
憂悲苦惱隨他來去，
慈悲歡喜更是隨緣，
佛法不是用來表達懂多少，
而在於自己活得怎麼樣，
隨緣曠達，喜樂平和。
人的生命是有限的，但人的思維是無限的，
滾滾紅塵中，
能留給人最純潔的東西，
就是人的信念與思想。

★美好的一天，從紅塵中修煉，堅定信仰才是指路明燈開始。

心中有尺，度人更度己。

不同人的手裡的尺，拿去度量不同的人，
就會出現不同的結果。
每個人心裡都有一把尺。
我們用它來衡量別人，更要時常度量自己。
不要常指責他人，卻很少過問自己。
這個世界，應當有這樣一把尺，
於情充滿溫暖，於理凸顯公平，於法彰顯正義，
時時刻刻閃耀著人性的光輝。
只要堅持從我做起，從一點一滴做起，
苛責自我，寬厚待人，
星星之火，勢必燎原，
人間終會灑滿陽光，灑滿愛。

★美好的一天，從心中一把尺，以戒為師開始。

心的練習
第78天

豐富自己，比取悅他人更有力量。

不要去追一匹馬，
用追馬的時間去種草，
待到春暖花開時，就會有一匹駿馬任你挑選。
不要去巴結一個人，
用暫時沒有朋友的時間，
去提升自己的能力，
待到時機成熟時，就會有一群朋友與你同行。
人生就是一個磨練的過程，
如果沒有這些酸甜苦辣，你永遠都不會成熟。
告訴自己，人一定要靠自己，
沒有等來的輝煌，只有拚來的精彩！

★美好的一天，從豐富自己，比取悅他人更有力量開始。

不一樣的意識，決定不一樣的結果。

你相信什麼，就會吸引到什麼，
這叫心想事成；
你懷疑什麼，什麼就會與你擦肩而過，
這叫不信則無；
你抱怨什麼，什麼事就在你身上發生，
這叫怕什麼來什麼；
面對機會和挑戰，你相信你能與不能都是對的，
不一樣的意識，決定不一樣的結果。
在這個世界上，我們唯一需要突破的，
就是自己內心的障礙，
所有目標的實現，都是潛意識的推動。
所有成功，都是來自於相信和自信。

★美好的一天，從願力，念力，潛力，使力開始。

心的練習
第80天

路一步一步走著，留下的腳印自己最清楚。

路一步一步走著，留下的腳印自己最清楚；
事一點一點做著，其間的艱辛自己最明白。
你走得累不累，腳知道；
你撐得難不難，肩知道；
你過得好不好，心知道。
智慧者，總是想辦法化解生活的一切煩惱，
愚蠢者，總是無奈的複製自己的痛苦。
終有一天，我們會發現，沒有什麼能比健康更重要了，
沒了健康，其他的諸如：
財富、名譽、地位、面子，奢華、豪車、名宅……都是浮雲，
身體是革命的本錢，
不管有錢沒錢，都要花錢保養好自己，
身體健康，才吃得嘛嘛香。
★美好的一天，從健康第一才是王道開始。

與其花時間應付不理想的生活，不如花時間造就你想要的生活。

好朋友走在一起不容易，
朋友之間，有的強勢，有的隨和。
有厲害的，有溫順的，有大度的。
沒有天生合適做朋友的人，
需要的是，彼此包容，理解，改變。
風風雨雨的磨合中，改變著不合適的彼此。
愛情友情都亦如此。
與其花時間應付不理想的生活，
不如花時間造就你想要的生活，
能激勵你，溫暖你，感動你的，不是勵志語錄心靈雞湯，
而是身邊志同道合、積極上進，充滿正能量的同行人，

★美好的一天，從選好圈子，交好朋友開始。

能幹的人並不是沒有情緒，他們只是不被情緒所左右。

能幹的人並不是沒有情緒，
他們只是不被情緒所左右。
「怒不過奪，喜不過予」，源於內在的自信與魄力。
情緒易於波動、喜怒輕易形於色的人，
與其說是坦率，不如說是缺乏內心歷練。
在該隱忍的時候隱忍，在該爆發的時候爆發，
是一個人成熟的標誌。
當你感到情緒低迷的時候，
是不是該暗示一下自己：
生活，除了詩意的遠方，
更多還有眼前的美好呀！

★美好的一天，從風動心不動，猶如不倒翁開始。

人不能做得太假，假了，難以交心。

人不能做得太假，假了，難以交心。
人生最大的痛苦，就是心靈沒有歸屬，
不管你知不知覺，承不承認。
心存美好，則無可惱之事；
心存善良，則無可恨之人；
心若簡單，世間紛擾皆成空。
做好人，身正心安魂夢穩，
行善事，天知地鑒鬼神欽。
你若不疑，人間不寒；你若不離，世界不遠；
你若不恨，蒼天有暖；你若不語，四海昇平。
平靜來自內心，勿向外求。
花開有聲，風過無痕。

★美好的一天，從緣來緣去，隨緣安住開始。

心態傾斜的時候，找找平衡；心情鬱悶的時候，聽聽音樂。

人的一生很短，很短，
一睜眼、一愣神、一歎息就是一天，
一個日、一個月、一忙碌就是一年，
一彈指、一邂逅、一奔波就是一生，
活著，就該盡力活好，
別讓自己活得人累、心苦。
有些事，別計較；
有些人，別在意；
有些痛，別沉浸。
想要的就去追求，擁有的就要珍惜，
心態傾斜的時候，找找平衡；
心情鬱悶的時候，聽聽音樂。

★美好的一天，從留一半清醒，留一半醉，難得糊塗開始。

傻傻的信，傻傻的做。

傻傻的信，傻傻的做，
傻傻的掙了數百萬！
精明的算，精明的看，
最後成了窮光蛋！
水不動就是死水，
人不動就是廢人。
人要有六動：
關係靠走動，
團隊靠活動，
客戶靠感動，
資金靠流動，
生命靠運動，
成功靠行動！

★美好的一天，從今天的努力，成就美好的未來開始。

有的時候，選擇快樂，更需要勇氣。

心情再差，也不要寫在臉上，因為沒有人喜歡；
日子再窮，也不要掛在嘴邊，因為沒有人無故給你錢；
工作再累，也不要報怨，因為沒有人無條件替你幹；
生活再苦，也不要失去信念，因為美好將在明天；
品質再壞，也要孝順父母，因為你也有老的那一天。

在一切變美好之前，
我們總會經歷一些不開心的日子，
這段日子也許很長，
也許只是一覺醒來，
有時候選擇快樂，更需要勇氣，
如果吼叫能解決問題，
驢將統治世界！

★美好的一天，從控制心情，溫柔說話開始。

只要方向對，不怕路途遠。

當忍則忍，能屈能伸，

人生之路才會越走越寬，

人生在世，不如意事十之八九，

很多時候都需要忍。

忍耐是一種執著，一種謀略，一種修煉，

一種人性的自我完善。

在人生的歷程當中，難免會遇到一些，需要忍耐的事情，

正好藉以歷練自己的心智，

耐得住寂寞，才守得住繁華；

耐得住寒冬，才等得到花開；

耐得住挫敗，才能開花結果。

★美好的一天，從只要方向對，不怕路途遠開始。

時間像流水，那些煩惱和憂傷，總要遇水而逝。

有些故事，除了回憶，誰也不會留；
有些無奈，除了沉默，誰也不會說；
有些東西，除了自己，誰也不會懂。

時間像流水，那些煩惱和憂傷，總要遇水而逝，
空間像屋子，那些淒涼和無奈的心情，總要積滿灰塵，
總是顛沛流離後，才能重新印證，在內心留下的痕跡。
當你的快樂之門，關上的時候，
自然會有另一道窗為你打開。

要滅苦，先破執，
莫要固執於追求；
不以強硬為手段，
不把擁有當目標；

★美好的一天，從心無負擔，可以無負重，心無罣礙，方能自由自在開始。

人生是一場漫長競賽，有些人笑著開始，有些人卻贏在最後。

人生是一杯咖啡，不會苦一輩子，但總會苦一陣子。
時間又像一張網，我們把它撒在哪，收穫就在哪。
忙碌是幸福，因為它讓我們沒時間體會痛苦奔波，是快樂；
它讓分享我們真實地感受生活疲憊，是享受；
它讓我們無法空虛。
人生是一場漫長競賽，
有些人笑著開始，
有些人卻贏在最後。

★美好的一天，從命運不會偏愛誰，就看你能堅持多久開始。

世界上沒有對與錯，只有因和果。

生活中的很多人和事，
自己到底有沒有做到百分之百？
只有自己最清楚，何必解釋。
雖然我們深知猜疑，這東西最傷感情，
還是會忍不住不斷地猜。
疑心是對他人的不信任，對自己的不自信，
對彼此的折磨，對感情的褻瀆，
這就是一個心魔。
世界上沒有對與錯，只有因和果，
當我們付諸百分之百的真誠，去對待身邊的人，
不用去考慮他會以何種方式回報，
靜靜的等待，所有的一切都會吸引而來。

★美好的一天，從將心比心，日久見人心開始。

圓規為什麼可以畫圓？因為腳在走，心不變。

決定我們一生的，有時不是我們的能力，而是我們的選擇。
圓規為什麼可以畫圓？因為腳在走，心不變。
你為什麼不能圓夢？因為心不定，腳不動。
沒規劃的人生叫拼圖，有規劃的人生叫藍圖；
沒目標的人生叫流浪，有目標的人生叫航行！
蜜蜂忙碌一天，人見人愛；
蚊子整日奔波，人人喊打！
多麼忙不重要，忙什麼才重要
選擇大於努力，眼光成就未來

★美好的一天，從定，靜，安，慮，得，心定自然圓開始。

想賺錢，執行力是關鍵，只說不做，你永遠都停留在原地。

賺錢有個規律：
越爽快的人成功的機率越大，
越磨蹭的人越做不起來，
有的人商機擺在面前，心動了卻一再猶豫、觀望，
直到其他人都做起來了又後悔。
如今賺錢拚的就是速度，
先做就等於是抓住了商機，
所以現在你做不做，只能看你的眼光有多遠。
想賺錢，執行力是關鍵，
只說不做，你永遠都停在原地。
觀望等於丟錢；猶豫等於沒錢。
速度等於見錢；果斷等於收錢。

★美好的一天，從抓住機會，抓住財富開始。

不怕苦，不畏難，做就對了。

轉瞬即逝的時光是遺憾的表徵，
擦肩而過的人流是匆忙的象徵，
我們享受著時光穿梭在人海中，
誰也不會在意，前方的背影有多辛苦。
因為你只瞭解自己背後的酸楚，
顧不得陌生的面孔裡，
誰會是你的下一次邂逅。
今天你做的每一件，看似平凡的努力，
都是在為你的未來積累能量，
今天你所經歷的，每一次不開心、被拒絕，
都是在為未來打基礎。
不要等到老了，跑不動了，再來後悔。
★美好的一天，從不怕苦，不畏難，做就對了開始。

心的練習
第94天

平安即是福。

平安即是福，縱然大富大貴，
在無常面前，一切也不過是夢幻泡影。
有多少福德就承受多大福報，
人生不要有太多非分之想，
有些你不該得到的就算僥倖，
得到也是徒增一分危險。
讓你難過的事情，有一天，你一定會笑著說出來，
相同的事情，時間不同，心境不同，態度也就不同。
所以，再委屈的事，不必動不動就傷心難過，
而是先靜一靜，再換個角度想想，
你會發覺，
世上值得你，用犧牲心情和健康做代價的事情，實在沒有多少。
心態決定人生，保持好的心態，人生就會充滿幸福。

★美好的一天，從心境轉念，最好的日子不過是一份安心而已開始。

戰勝自己，才是命運的強者。

世界上有條很長很美的路，叫做夢想；
有堵很高很硬的牆，叫做現實。
翻越那堵牆，叫做堅持；
推倒那堵牆，叫做突破。

你的心態，會支撐你一路的發展；
你的眼界，會決定你選擇的方向；
你的格局，會意味著你成就多大的規模；
你的毅力，會支援你能夠走多遠；
你的用心，會註定你做出多好的成效！

人，不在於你的起點，
在於你是否堅持自己的目標！
我們要打破的不是現實，而是自己！

★美好的一天，從戰勝自己，才是命運的強者開始。

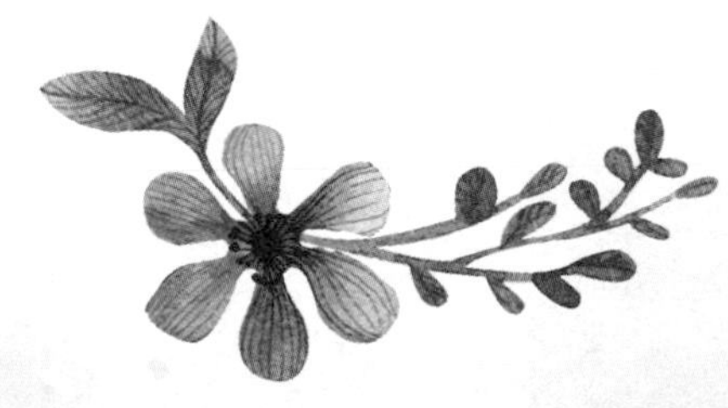

自己是梧桐，鳳凰才會來棲，自己是大海，百川才來匯聚。

人在追逐理想時，
不是非要遇到志同道合的人才能上路，
往往是上路了，才能遇到志同道合的人！
人在整合資源時，
不是非要找到黑馬才去整合，
而是整合了才會出現黑馬！
成功是一個不斷累積和吸引的過程！
自己是梧桐，鳳凰才會來棲；
自己是大海，百川才來彙聚。
只有自己修練好了，才會有人來親附。
往往是走在路上，才會遇上同路人！
堅定前行，志同道合的有緣人，就會隨你而來，
珍惜生命中每個人！

★美好的一天，從培養磁場引力開始。

很多事情可能會一等，就等成了永遠。

多少人輸給了一個「等」字！

等哪天……等將來……等不忙……等下次！

等有時間……等有條件……等有錢了！

等沒了緣分……等沒了青春……

等沒了健康……等沒了機會……等沒了選擇！

誰也無法預知未來，

很多事情可能會一等，就等成了永遠！

想做的事趕緊去做，不要給自己留下太多的遺憾！

因為等不起。

★美好的一天，從千金難買早知道，你就再「等等」看吧開始。

別讓他人的言語，決定自己的心境。

我們為什麼要讓別人的表現，來決定自己的行為呢？
當別人對你說了一些，刺傷你，批評你、羞辱你的話，
你會怎樣？
你會火冒三丈，氣呼呼地罵回去？
或是忍氣吞聲地強壓下來？
你是否會越想越氣，整個情緒都大受影響？
若心不被境界所轉，必能超越任何一人。
對我們所做的任何侮辱；
不只身處逆境時如此，甚至在順境當中，都能如如不動。
因為深知一切外在的境界，
都是自己心中妄現的影像。

★美好的一天，從不起心、不動念，自在無礙開始。

我們放不下，不是因為失去，而是心疼自己的付出。

放下是一種解脫、一種頓悟；
放下是心態的選擇，是生活的智慧。
學會放下，壓力、煩惱，痛苦自會減少很多。
學會放下，人生才會更精彩。
有時候我們放不下，不是因為失去，
而是心疼自己的付出。
遺忘的好處是：
也許會後悔，也許會難過，
但是心卻不會再疼。
曾經看不慣，受不了的，
如今不過淡然一笑，多好！
★美好的一天，從天天開心，沐浴陽光，照亮別人，溫暖自己開始。

用生命賺的錢，難以買回生命。

狐狸發現一窩雞，因太胖鑽不進去，
於是餓了三天終於進入，飽餐後又出不來了，
只好重新餓三天才出來，
最終它哀歎自己在這個過程中，
除了過嘴癮，就是白忙活，人生何嘗不是如此！
赤條條來，赤條條去，
無人能帶走一生經營的財富與功名。
用生命賺的錢，難以買回生命；
用時間掙來的錢，難以掙回時間；
即使用一生，得到全世界的錢，
用全世界的錢，也買不回自己的一生。
所以，學會休息和快樂很重要。

★美好的一天，從千金難買健康，今日不養生，明日養醫生開始。

捨得捨得，有捨，就有得。

在沒錢的時候，把勤捨出去，
錢就來了——這叫天道酬勤；
當有錢的時候，把錢捨出去，
人就來了——這叫輕財聚人，
當有人的時候，把愛捨出去，
事業就來了——這叫厚德載物，
當事業成功後，把智慧捨出去，
喜悅就來了——這叫德行天下，
捨得捨得，有捨、就有得！
真正難倒你的，不是環境而是心態，
如果你不相信自己，自然什麼事也做不成。
因此，只要相信自己正在做的事，能創造了不起的成就，
你就已經走上了成功的道路。

★美好的一天，從找到正確的心態，沒有什麼事是辦不到的開始。

心的練習
第102天

去承擔，生命的責任與義務；去活出，生命的力量與堅強。

最甜的不是糖，而是幸福。
最苦的不是藥，而是沒人疼。
最美的不是容貌，而是心靈。
最累的不是身體，而是心。
最醉人的不是酒，而是人。
最難做的不是難事，而是堅持。
最難過的不是心情，而是日子。
如果喝酒哭了，不是喝多了，而是委屈了。
生容易，活容易，而生活，真的不容易！
每個人去承擔，生命的責任與義務，
每個人去活出，生命的力量與堅強，
這就是生活。
生活在這樸素的日子裡，生活在這簡單快樂裡。

★美好的一天，從把生活活成愉快的經過，把日子活出舒緩的從容開始。

用最初的心，走最遠的路。

一段路，也許剛走時，充滿激情與信心，
走了一段時，發現，激情減退了，
信心不知道跑哪了，
其實不是路變了，
也不是路上的風景變了，
路還是路，景還是景，
只是，你的態度變了。
不忘初心，方得始終。

★美好的一天，從用最初的心，走最遠的路開始。

世上的事，有順，有逆；人生的情，有喜，有悲。

雨，有急，有緩；路，有平，有坎。
世上的事，有順，有逆；人生的情，有喜，有悲。
順境，不要得意，狂妄傲慢，喜悅能夠持續；
逆境，不要氣餒，絕望悲戚，事情還有轉機。
人生路上，無論怎樣，我們都要走下去。
榮也好，辱也罷，坦然面對，
心平氣靜，安然於得失，
淡然於成敗，依舊向前。
人生是一次長跑，
跑著跑著，總會有那麼一段沒有風景，
沒有掌聲，沒人注視的路程，
只需繼續，直到某個時刻，你會忽然明白，
這一路上，自己就是最好的風景。

★美好的一天，從路遙知馬力，日久見人心，果敢前進開始。

允許自己，有脆弱無助的時候。

人唯一最大的使命，是做自己，成為自己。
可惜的是很多人沒有做自己，
做了社會價值現實中的自己，
做了你在乎的人眼中的自己，
沒為自己而活，為別人活著，
為所愛的人，為所恨的人，為無關緊要的人而活。
去愛你自己吧，愛自己不是一定要讓自己去開心，
不勉強自己用笑顏偽裝，不掩飾內心的傷痛。
允許自己有脆弱無助的時候，
允許自己有憤怒絕望的時侯，
去擁抱那個真實的自己，
讓自己的內在得到滋養，讓自己內心變得豐富。
當你愛自己時，感受到自我圓滿時，才會擁有愛人的能力。
★美好的一天，從愛自己，善待自己開始。

心的練習
第106天

一生由無數個今天組成，充實地過每個今天，一生便會充實。

一生由無數個今天組成，
充實的過每個今天，一生便會充實。
生命中最難的階段，
不是沒有人懂你，而是你不懂你自己。
忍讓，第一次叫氣度，第二次是寬容，
第三次就變成了軟弱。
現實會告訴你，不努力就會被生活踩死。
無需找什麼藉口，一無所有，就是拚的理由。
不謀其前，不慮其後，不戀當今。
你內心安適，就會寵辱不驚，俯仰無愧，
從一天到一年，從一年到一生，
秒秒感受安詳，活在至真，至善至美中，
這才是人生的最高幸福。

★美好的一天，從不畏將來，不念過去，珍惜當下開始。

目中有人，才有路，心中有愛，才有度。

目中有人，才有路；心中有愛，才有度。
一個人的寬容，來自一顆善待他人的心。
一個人的涵養，來自一顆尊重他人的心。
一個人的修為，來自一顆和善的心。

舒字由「舍」和「予」組成，
告訴我們：人要想活得舒服，
就得學會「舍」和「予」，
「舍」：施捨、捨棄、放下，
「予」：給予、付出，
付出了才有回報。

★美好的一天，從為別人付出，就是給自己鋪路開始。

當自己死去時，能從世上，帶走些什麼？

修道，修的不是成仙，
學的不是迷信，是智慧，
是無量無邊的慈悲之心。

有時想想，
自己有一天，突然死去的話，
能帶走什麼？還有誰會陪你？
問問自己，實際上，沒有一樣東西可以拿走，
沒有一個親人或者朋友陪你，只有因果能陪你。
點燈，不是為了照亮神堂，而是驅除無明；
點香，不是為了祈求什麼，而是燒去貪癡；
叩拜，不是為了心安，而是升起慈悲；
誦經，不是為了解脫，而是為了回向；
修行，為了今世，更為來生。

★美好的一天，從心中一柱香，聲聲阿彌陀佛開始。

真正的朋友不是不離左右，而是默默關注。

人活著，一份自然再加一份真，
真正的朋友不是不離左右，而是默默關注，
一句貼心的問候，一句有力的鼓勵。
友不友情，要看相處；永不永恆，要看時間。
日子久了，
與你無緣的自會走遠，與你有緣的自會留下。
不要拒絕真誠的話，更不要拒絕一顆真誠的心。
心在哪裡，收穫就在哪裡。
人這一生能力有限，但是努力無限，
努力做一個善良的人，
做一個心態陽光的人，
做一個積極向上的人，
用正能量激發自己，也感染身邊的朋友。

★美好的一天，從你陽光，世界也會因你而精彩開始。

心的練習

第 *110* 天

人與人，不必事事究盡，處處緊逼；事與事，不必處處透明，不留餘地。

人與人，不必事事究盡，處處緊逼，
事與事，不必處處透明，不留餘地。
與人相交，隨方就圓；
與心相通，忍讓隨喜。
人有顏面，需愛；
心有底線，需護。
再熱的心，也抵不過一次次的傷害；
再冷的心，也會被溫暖感化。
人心其實不難靠近，真心其實沒有太多鋪墊。
心懷善念，處處陽光；人有肚量，事事和諧。
不在別人遇到苦難時，袖手旁觀，無動於衷；
不在別人落難時，不聞不問，落井下石。

★美好的一天，從肯為別人打傘，才是一生最大的財富開始。

機會對誰都是公平的，不公平的是人們的態度及思維。

成功的起點是瞭解，而不是拒絕。
同樣的事物，
有人看到的是懷疑，有人看到的是商機。
機會對誰都是公平的，
不公平的是人們的態度及思維，
人生最大的浪費是猶豫，
成功最大的障礙是擔憂。
看好一個事業，卻不敢嘗試，就與財富擦肩而過。
猶豫不決就會錯失良機，寧可做錯也不要錯過。
當你沒有站在更高的地方，就不會看到更遠的風景，
就不會明白更多的人生道理。

★美好的一天，從做到了，悟到了，相信屬於你的風景就在下一個拐彎處開始。

不如意的不是人生，是你的心。

人生為何那麼多不如意？
緣起緣落，緣生緣滅，萬象皆為心造。
不如意的不是人生，是你的心。
不是放不下，只是因緣未到，因緣成熟自然放下。
世間事除了生與死，其他的都不重要。
路在心中，不在腳下，
心有多遠，路有多長。
他山之石，可以攻玉。
他人之事，我事之師。
看別人的腳，我們至少，少走彎路，少跌跟頭；
多一個想法，多一道門。
多一次逆境，就多一分成熟；
多一次絕境，就多一次機遇。

★美好的一天，從如意與否，善與惡，皆在一念之間開始。

失敗產生了痛苦，也鑄就了堅強。

坎坎坷坷的是路，永不停歇的是腳步；
風風雨雨的是人生，不說放棄的是心靈；
因為肩上有責任，所以無怨無悔；
因為心中有嚮往，所以一直去追；
既然來到這個世上，就要活得漂亮；
既然選擇了遠方，就要走得倔強；
時間改變著一切，一切改變著我們；
失敗產生了痛苦，也鑄就了堅強；
經歷付出了代價，也錘煉了成長；
淚灑必歡呼收割。

★美好的一天，從不經一番寒徹骨，哪得梅花撲鼻香開始。

和快樂的人在一起，嘴角就會常帶微笑！

人生就是這樣：

和陽光的人在一起！心就不會晦暗！

和快樂的人在一起！嘴角就會常帶微笑！

和進取的人在一起！行動就不會落後！

和大方的人在一起！處事就不會小氣！

和睿智的人在一起！遇事就不會迷茫！

和聰明的人在一起！做事就變得機敏！

心術要正，做人要真；為人處事，以心換心。

有血有肉的活著，有情有義的活著，

借人之智！完善自己！

★美好的一天，從交明智的朋友，做最好的自己開始。

原諒一個人是容易的，但是要再次信任，就沒那麼容易。

原諒一個人是容易的，但是要再次信任，就沒那麼容易。
暖一顆心需要很多年，涼一顆心只要一瞬間。
你來，我熱情相擁；你走，我坦然放手。
不屬於自己的東西，別想；
不是真心給的東西，別要。
時間在變，人也會變；
有些事，不管如何努力，回不去就是回不去。
很多時候，被誤會，也不想去解釋。
信與不信，就在一念之間，懂我的人，何必解釋。
相處時，請一定要珍惜；
轉身時，請一定要優雅；
揮別時，請一定要微笑；
因為一轉身，可能一輩子也不會再相見了！
★美好的一天，從轉眼無常，珍惜擁有開始。

人一生做了一輩子，唯一沒有做的，就是善待自己。

人一生做了一輩子，還是還是不夠，
看了一輩子，還是看不清；
想了一輩子，還是放不下，
唯一沒有做的，就是善待自己，
唯有懂得自我欣賞，才不會再卑微到，害怕對方離開。
先照顧好自己，才會有能力去照顧，兩人的幸福。
兩人在一起，一定要有一方輸，
輸是為了要讓雙方贏。
聽話不是怕事，而是聽了話會沒事，
一個拍子，終究是響不起來。

★美好的一天，從以退為進，明天會更好開始。

聰明在於學習，智慧在於積累。

為了一個夢想，我們走到一起；
為了一個承諾，我們風雨兼程；
為了一個信任，我們全力以赴；
為了一個結果，我們勇敢前行。
聰明在於學習，智慧在於積累，
你對生活是什麼樣的態度，
它自然會回敬你什麼樣的狀態，
這個世界不只有成功學，還有一個叫做幸福學。
幸福並不只是房子、車子、金錢、地位和榮耀，
還應該是發自內心的舒暢笑容，
幸福是心的滿足，別和他人爭吵，別和命運爭吵，
別再說快樂是一件奢侈品，
放鬆一點，讓快樂慢慢靠近，生活終會有滋有味。

★美好的一天，從無計較之心，心常愉悅；隨遇而安，心常滿足開始。

人生，有起有落。關鍵是面對疼痛，如何撐得過。

生活就是這樣，有人痛疼，
有人微笑，有人哭泣。
有些累，累在身上，累在心中。
有些淚，掛在臉上，傷在心中。
有些痛，無傷無痕，痛在心中。
別問誰的行為傷了你，
別問誰的感情苦了你。
誰的人生都有傷，
那種生活沒有苦。
有些總是難免的，
有些總是難躲的，
傷了揉一揉，苦了忍一忍。
生命，有長有短。

生活，有苦有樂。

人生，有起有落。

關鍵是面對疼痛，如何　得過，

學會揮袖從容，暖笑無傷。

★美好的一天，從走得輕鬆，活得才順心開始。

登高望遠，每一步，都是人生的新高度。

每一次的機會，都是悄悄地來、悄悄地走，
都是少部分人看得見、看得懂，
大部分人看不見看不懂，看不起，最後來不及！
趨勢，無法阻擋！抉擇，要有智慧！
成功就是抓住機會。
你拒絕我，我只是少了一個客戶，
而你卻少了，一個改變生活軌跡的機會。
如果從101層往下看，都是美景；
如果從01層往下看，滿地垃圾！
一旦沒有高度，看到的都是問題；
一旦有了高度，看到的都是美好！
人生也是如此。

★美好的一天，從登高望遠，每一步，都是人生的新高度，新視野開始。

只要心存希望，就總有一天能走出困境。

賞盡春花，再想秋月，
心有餘閒，幸福常在。
人生沒有真正的絕境，
無論遭受多少艱辛，經歷多少苦難，
只要心存希望，就總有一天能走出困境，
讓生命重新開花結果。
誰的時光，掌握在誰的手裡，
心若不動，世界無恙，人生「靜」好。
「靜」，流淌出智慧，智慧豐盈著生活。
「靜」，讓人看清世界，看清自己，看清未來的路。

★美好的一天，從反躬自省，寧靜致遠開始。

有些事情，現在不去做，以後很有可能永遠也做不了。

一個人，如果不為自己的夢想去創業，
一定會為別人的夢想去打工，
沒有勇氣付出行動，去實現自己的夢想。
今天看懂是機會，明天看懂是故事。
有些事情，現在不去做，
以後很有可能永遠也做不了！
這是一個快魚吃慢魚的社會，
如果只是等待，
唯一會發生的事只是時間變了，
知道趨勢只是專家，
掌握趨勢及有膽識去做，才是贏家！

★美好的一天，從築夢踏實，做個追夢人開始。

憤怒的內在小孩，需要被好好理解。

情緒的開關一打開，是不能瞬間被關掉的。
憤怒，不會因為壓抑就消失；
悲傷，不會因為忽略就不見。
憤怒的內在小孩，需要被好好理解。
情緒來了，你只需要好好大哭一場，
然後再慢慢堅強。
要相信，悲傷過後，一切會慢慢晴朗，
就像下過雨後的操場，
總有美麗的彩虹在蕩漾。

★美好的一天，從認識情緒，接受情緒開始。

心的練習
第123天

這一分鐘不放棄，下一分鐘就會有希望。

很多時候，
成功就是多堅持一分鐘，
這一分鐘不放棄，
下一分鐘就會有希望。
只是我們不知道，
所以，再苦再累，
只要堅持走下去，
屬於你的風景終會出現。
當你下定決心準備出發時，
最困難的時刻就已經過去了。

★美好的一天，從逢山開路，遇水架橋，堅持最後一里路開始。

苦難是最好的老師。

苦難是最好的老師，
它逼著你檢視自身的不足，
壓著你的頭，往內心最淤泥的深處看去，
它可以擊垮一個人，
也可以成就一個人，
誰能戰勝它，誰也就掌握了成功的鑰匙。
一份事業，值不值得你去奮鬥，
不是看錢多錢少來衡量，
而是發自內心的喜歡，
你喜歡它多一點，
那麼克服掉的困難，就會多一些，
你的收穫就會多一點。

★美好的一天，從苦難是最好的老師，磨練是最好的經驗開始。

無懼，無悔，無畏。

人生無畏，不管善緣惡緣，
我們都坦然面對；
人生無懼，無論榮華富貴，低賤窘困，
我們都從容不迫；
緣來了，則聚；
緣盡了，則散。
無論聚散，無論貴賤，
無論榮辱，無論生死。
靜觀庭前花開花謝，
閑看天上雲起雲落，
無思亦無慮，這就是放下。
人生的放下是為了更好的拿起，
放下小我，拿起大我；

放下狹隘，拿起開闊；
放下個人的小成就，
拿起活在這個世上的大承擔，
可以這麼理解，
沒有真正的放下，
就沒有真正的拿起。
放下是一種全新的擁有，
人生總要在拿起與放下之間成長、歷練，
才能更有機會選擇充滿希望的明天。

★美好的一天，從得失間，找到點，撐起明天開始。

好事發生，從分享開始。

不管你現在面臨多少困難，
但是在某一天回顧來時路，
你會意識到，
你所付出的努力和堅持，
都是在把你的生活，
改變得更好，
你正在為自己的未來打拚，
也許有時候，
會感覺看不到盡頭。
但你要相信。

★美好的一天，從一步一腳印，努力再努力開始。

最飽和的稻穗，往往最先低頭。

有的時候，

低頭才能看見自己的幸福，

才能看見自己的不足，

仰望出來的幸福不是幸福，

低頭看看，身邊最普通的，

生活才充滿了真實的幸福；

如果總是昂著頭，不會看見自己的缺點，

適時的低頭想想，反省一下自己，

發現不足，才能完善自己。

看不見自己的缺點和毛病，

平和待人留餘地，

用平和的心態去對待人世事，

因為低調做人，才是跨進成功之門的鑰匙。

★美好的一天，從謙受益，滿招損開始。

心的練習
第 128 天

身邊的人們要相互珍惜，因為每個人的時間越來越少。

人一輩子很短，
餘額不足可以掙，
電量不足可以充，
時間走了就回不來了……
所以身邊的人們要相互珍惜，
因為每個人的時間越來越少，
不要爭執，不要鬥氣，
好好說話，相互理解，
善待親人，珍惜一份真感情，
沒有心機，只有真心、微笑度過每一天。
因為一輩子不長，
人活著本身就很累，何苦要為難彼此，
下輩子未必能遇上……

★美好的一天，從看人長處，幫人難處，記人好處，滴水之恩，湧泉相報開始。

善良，是為自己留下的路標，讓我們找到回家的路。

在沙漠中，
善良，是為自己留下的路標，
讓我們找到回家的路。
在人生道路上，
不論你傷害誰，就長遠來看，
你都是傷害到你自己，
或許你現在並沒有覺知，但它一定會繞回來。
凡你對別人所做的，就是對自己做，
這是歷來最偉大的教誨。
不管你對別人做了什麼，
那個真正接收的人，並不是別人，而是你自己；
善良是最基本的人性特徵，請保管好這個底線。

★美好的一天，從請堅持，善良是做人最低底線開始。

心的練習
第 130 天

再偉大的事情，也是在平常的日子裡發生的。

人不能只有理想，
再偉大的事情也是在平常的日子裡發生的！
行動，是對現狀的改變！
行動，是對未來的創造！
行動，是對困境的突圍！
行動，是對預想的驗證！
行動，更是對機會的把握！
激情只能點燃夢想，
行動才能成就理想，
你只要敢於邁出第一步，
就離成功近一步！
只有把理想化為真實的行動，
成功才會走近我們！

★美好的一天，從說走就走，說幹就幹，用行動成就我們的理想開始。

活在當下，活得自在，不留遺憾。

有人說，朦朧的人生，
是馬馬虎虎的人生，也是悲觀的人生。
豈不知真正的朦朧，
是心態的朦朧，而不是心靈的蒙昧。
心態的朦朧，
是一種無牽絆的豁達，不是真的糊塗。
這種朦朧帶給人們的是一種境界，
一種將時間美好盡收眼底的境界！
只要活在當下，活得自在，
不給自己留什麼遺憾就好。
一年四季，日出而作，日落而息，
隨輪迴的時光輾轉自如，
內心裡總是灑滿金色的陽光。

★美好的一天，從大智若愚，難得糊塗開始。

心的練習
第132天

看得慣殘破，是歷練，是豁達，是成熟，也是一種人生的境界。

我們都不是完美的，
總是隔一陣子就去看醫生，來修補我們殘破的身軀，
看得慣殘破，是歷練，是豁達，是成熟，
也是一種人生的境界，
有些人總是喜歡在聊天時，說八卦聊是非，
或許當下，說者無心，但聽者卻未必無意，
當那是非之言輾轉傳入當事者耳裡，
造成的傷害，往往並非我們所能預期，
若非經過歲月洗禮又明事理，
朋友在背後的議論說不定，
將成為婚姻破碎的導火線。
明白自己並非完美，對生活、對旁人又何必要求完美？
人生觀如此豁達，思想如此成熟，也真是值得我們學習。

★美好的一天，從接受不完美，正是一種完美開始。

在不開心的時候，一定要學會放下。

當有人傷害到你的時候，你應該生氣，但不要生氣，
因為我們不能拿別人的錯誤懲罰自己，
當你怨恨他人時候，你應該生氣，但也不要生氣，
因為被恨的人沒有痛苦，
恨人的人卻會遍體鱗傷，傷身傷心，
人們在不開心的時候，一定要學會放下。
人之所以會痛苦，就是因為對別人計較太多，
與其說別人讓你痛苦，不如說是你自己的修養不夠。
你什麼時候徹底放下了，就沒有了煩惱和痛苦。
己所不欲，勿施於人，
凡事都將心比心，推己及人。

★美好的一天，從換位思考，這樣心中才會灑滿陽光，沒有煩惱開始。

我們能作繭自縛，就能破繭成蝶。

有些束縛，是我們自找的；
有些壓力，是我們自給的；
有些痛苦，是我們自願的。
只有堅持做好自己，才能看到下一秒的路。
陪伴你到終點的，只會是你與你的影子！
相信自己，
我們能作繭自縛，我們就能破繭成蝶！
你忍受不了化繭成蝶前的一陣子痛苦，
人生最精彩的成功快樂就會與你無緣。
你是個普通人，你只有把有限的資源聚焦於一點，
並堅持到竭盡全力，
才有可能享受到鳳凰涅槃後的不凡人生！

★美好的一天，從咬緊牙關，撐過黎明，方見全新的未來開始。

有時候，「輸」是為了雙方的「贏」。

主動吃虧是風度，
任何時候，情分不能踐踏，
主動吃虧，山不轉水轉，
也許以後還有合作的機會，又走到一起。
若一個人處處不肯吃虧，則處處必想佔便宜，
於是妄想日生，驕心日盛，
而一個人一旦，有了驕狂的態勢，
難免會侵害別人的利益，
於是便起紛爭，
在四面楚歌之中，又焉有不敗之理？
有時「輸」是為了雙方的「贏」。

★美好的一天，從有退才有進，吃虧自有福報開始。

心的練習
第 136 天

苦心人，天不負。

人生總有一些不如意的事，關鍵在於熬。

熬，不是逆來順受的活著；熬，不是對命運的妥協。

熬，是能量積蓄；熬，是生命昇華。

有些人熬著熬著，成功了；

有些人熬著熬著，消失了。

不要抱怨懷才不遇，也不要抱怨生不逢時；

苦心人，天不負，很多時候需要熬。

熬，看似很苦逼、很窘迫，

實際上是在充電、是在進取。

熬，是海納百川，有容乃大；

熬，是一段痛苦而忍耐的過程；

熬，是對命運的抗爭和掌控，

能不能掌控自己的命運，就看你的人生態度。

★美好的一天，從熬著，必有撥雲見日，柳暗花明的一天開始。

「有心」是一切成功之因。

「有心」是一切成功之因，
做個有心的人，不為大事驚擾，不為小事煩惱，
做個有心的人，可看清是非，識別善惡；
做個有心的人，可身在局內享受樂趣，
可抽身局外，跳脫窘困。
做一個有個性的人、有修為的人、有品質的人，
高尚的人、大氣的人，
你才會是個成功的人。
以寬容之心度他人之過，
對於別人的過失，
必要的指責無可厚非，
但能以博大的胸懷去寬容別人，
就會讓世界變得更精彩。

★美好的一天，從退一步海闊天空，忍一時風平浪靜開始。

心的練習
第 138 天

路再遙遠必須自己走；事再棘手必須自己做；苦再難扛必須自己嚐。

每個人都渴望，
下雨了有人替你撐傘，
委屈了有人安慰在前，
碰壁了有人護你周全。
可每個人都明白，
路再遙遠必須自己走，
事再棘手必須自己做，
苦再難扛必須自己嚐。
如果有肩膀可以停靠，誰願意哭泣；
如果有人可以依靠，誰願意獨立；
我們學著堅強，面對難以面對的，我們擔當了；
承受不能承受的，我們成長了；
人心都很脆弱，但每個人都在堅強地活著。

★美好的一天，從好好愛自己，活出驕傲的本色開始。

懂得感恩，沒有什麼是理所當然的。

學會對人寬容，擁有容忍的肚量。
寬容別人，就是肚量；
謙卑自己，就是份量；
合起來，就是一個人的品質，
學會寬容，世界會變得更加廣闊；
忘掉計較，人生才會永遠快樂，
做人要懂得感恩，
沒有什麼是理所當然的，
也沒有什麼人就是理應為我們付出的，
學會感恩，
用感恩的心，去感動那些真正為我們付出的人。
用真摯的情，去回報那些一直為我們奉獻的人。

★美好的一天，從行善積善，才可得善遇善開始。

心的練習
第 140 天

做好自己該做的，無論別人眼中的你是什麼樣子。

人間的情，
親二時，疏一時，時時都有因緣；
人間的緣，
善二段，惡一段，段段命中註定；
請別去試探人心，它會讓你失望。
掏心掏肺對一個人，
要嘛得到一生的知己，
要嘛換來一生的教訓。
有些事知道了就好，不必多說。
做好自己該做的，
無論別人眼中的你是什麼樣子，
切記永遠做：
善良的自己，感恩的自己，擔當的自己。

★美好的一天，從能看清自己，就是成功的開始。

生活的苦與樂總在更迭，沒有誰的命運是完美的。

生活的好多煩惱，源於我們不能體諒，
過分在意了自己的主張，
互不理解，互不相讓，傷了彼此的心靈。
生活的苦與樂總在更迭，
沒有誰的命運是完美的，
殘缺才是一種大美。
別為難自己，別苛求自己，
心寬了，煩惱自然就少了，
日子自然就順了，人生自然就自在了。
千般跋涉，萬種找尋，需要的不過是一顆平常心。
識得進退，懂得回歸，
以平常心對待生活，
生活，無處不是坦途。

★美好的一天，從懂得體諒，懂得理解，懂得寬容開始。

心放開一點，一切都會慢慢變好的。

最使人疲憊的，往往不是道路的遙遠，而是你心中的鬱悶；
最使人頹廢的，往往不是前途的坎坷，而是你自信的喪失；
最使人痛苦的，往往不是生活的不幸，而是你希望的破滅；
最使人絕望的，往往不是挫折的打擊，而是你心靈的死亡；
所以我們凡事要看淡些，心放開一點，一切都會慢慢變好的。
再堅強的，人也有脆弱的時候，
再豁達的，人也有委屈的時候，
有些悲傷，不一定誰都會懂，
有些委屈，不一定要進給所有人聽，
學會微笑，也學會面對，

★美好的一天，從給心靈一絲陽光，溫暖安放開始。

拿自己的「心胸」去容納別人，人人都有過失。

拿自己的「心尺」，去度量別人，人人都不夠尺寸；
拿自己的「心秤」，去秤量別人，人人都不夠份量；
拿自己的「心態」，去衡量別人，人人都不順其眼；
拿自己的「心眼」，去要求別人，人人都不合時宜；
拿自己的「心胸」去容納別人，人人都有過失……

光說了別人對錯，原來自己也不完美；
只道別人長短，原來自己也有缺陷；
盡看別人是非，原來自己也不是聖人……
還是注意自身的修為，
因為尺度不是唯一，
標準不是一成不變，
更不是你說了算。
世俗的眼光有時也會蒙塵。

★美好的一天，從莫道人是非，不完美也是完美開始。

心態好的人，運氣不會太差。

善良給對了人，會對你感恩；
善良給錯了人，會讓你寒心。
心軟給對了人，會對你情深；
心軟給錯了人，會讓你痛心。
寬容給對了人，會對你熱忱；
寬容給錯了人，會讓你窩心。

人善，人欺，天不欺；別人欠你，天還你；
人好，心好，有好報；別人不曉，天知曉；
人真，情真，得情深；以心換心，是真理。
良心，善心，和好心，一輩子活得就是這一顆人心，
生活當中，也許我們會遇到很多傷感，不快甚至崩潰，
但是有句話說，心態好的人，運氣不會太差。
人生道路才會越走越寬闊。

★美好的一天，從心態平衡，好好活著開始。

提醒自己，要給對方多一份理解。

與人相處當中，
如果單從自己的角度，
不能全面地觀察、瞭解、理解對方，
即使是善意的指責也會起反作用。
換個角度，你會發現，
你不是這個世界的主角，
每個人都經歷著不同的故事，
誰都會有眼淚、有悲傷。
學會欣賞和悲憫，學會善待他人，
這是你成長的開始。
所以提醒自己，要給對方多一份理解。
多一份理解，就長養自己的一份慈悲，
多一份的慈悲，就會開一份的智慧。

★美好的一天，從不批評，不指責，同理包容開始。

別奢望人人都懂你，也別要求事事都如意。

家家都有本難念的經，
人人都有套難言的苦。
再風光的人，背後也有寒涼苦楚；
再幸福的人，內心也有無奈難處。
誰的人生十全十美，
誰的生活沒有薄涼，
誰敢保證一直都是人生得意，
別奢望人人都懂你，也別要求事事都如意。
先知的語言很難被理解，
先行者在路上很少有，但是他們從不孤獨。
因為他們的心靈深處，住滿了芸芸眾生。
因為他們的慧眼早已看到未來，
那時這條路上必然熙熙攘攘。

★美好的一天，從不為自己，不執著一時，溫暖自己開始。

我們每個人該有個奮鬥的目標。

人就這麼一生，

到這世上匆匆忙忙地來一次，
我們每個人該有個奮鬥的目標，
如果該奮鬥的我們去奮鬥了，
該拚搏的我們去拚搏了，
但還不能如願以償。
我們在仰視這些，我們無法實現的的夢想，
眺望這些，我們無法達到的目標之時，
是否應該以一顆平常心，去看待我們的失利。
「豈能盡如人意，但求無愧我心。」
對於一件事，
只要我們盡力去做了，我們就應該覺得很充實，
很滿足，而無論其結果如何。

★美好的一天，從做事由人，成事在天開始。

遇到任何矛盾，首先查找自身的不足，加以修正。

心裡裝著善良，裝著寬容，裝著真誠，裝著感恩，
你的生命就充滿了陽光。
無論遇到任何矛盾，
都會首先查找自身的不足，
加以修正，他人的一切不好，
都會在你博大的胸懷中消釋，
寧可做個善良的人，坦蕩一輩子。
也不做個虛偽的人，算計一輩子。
人活著比的不是誰高誰低、誰上誰下。
比的是：睡能睡得舒坦，笑能笑得燦爛。
一個人的真性情、真感情，永遠是最難得的限量版。

★美好的一天，從心安理得，就是贏了一輩子開始。

不要總挑剔別人的不完美，要多檢查自己的失誤和不足。

人有悲歡離合，月有陰晴圓缺，
人生輪迴千轉，總歸是潮起潮落的；
不要被一些不堪回首的往事，羈絆成苦惱，灰暗了心情。
生活，不是挑剔別人的不完美，
是多檢查自己的失誤和不足，
不是感歎自己的不順心，是多感悟眾生的苦。
如果雙眼只看到，自己的一點點不如意，
心裡想的全是，個人的一點點得失，
完全看不到別人的艱辛，想不到別人的難處，
這已經是偏離了命運的座標。
幸福不是一個奢望的過程，它是實實在在一條心路。
你願意幸福，它才願意幸福。

★美好的一天，從微笑在，幸福在，明天會更好開始。

心的練習
第150天

要得到外界的援助，你伸出的手，首先要達到別人搆得著的高度。

你若是塊磚，跌落在地，別人可幫你扶上牆頭；
你若是堆泥，爛作一灘，就是再幫亦無濟於事。
你要躺在輪椅上，只能終生被推著走；
不如裝上假肢，靠自己的力量奔跑。
要得到外界的援助，首先自己要努力些，
你伸出的手，起碼要達到別人搆得著的高度，
你心生依賴，總想走在陽光下，風雨遲早會來。
幸福不幸福不要緊，我們向著光明活著。
生活裡有霧霾不要緊，我們向著光亮活去。
生活不管怎麼樣，我們向著希望活去。

★美好的一天，從只要太陽出來，我們就有清亮的機會開始。

人的一生中，不只是為了滿足物質需求，更多的時候，是為了心中的夢。

人的一生中，不只是為了滿足物質需求，
更多的時候，是為了心中的夢，
一種尊嚴，一種責任，一種使命，
是為了讓自己的人生，變得更強大、獨立、完整。
看似追求物質財富，實則追求自我成長。
走過一段路後，才發現，
當內心強大、修養、愛心足夠時，
賺錢只是順帶的事，成功是早晚的事！
成功以前講別人的故事！
成功以後講自己的故事！
成功就是編輯故事的過程！
讓我們做個都是有故事的人！

★美好的一天，從做一個值錢的人，不做一個只是有錢的人開始。

背上行囊，就是過客；放下包袱，就找到了故鄉。

如果人生是一朵花，那麼總會有花開花謝的時候；
如果人生是一場夢，那麼總會有夢醒時分。
時間是往前走的，鐘不可能倒著轉。
背上行囊，就是過客；放下包袱，就找到了故鄉。
其實每個人都明白，人生沒有絕對的安穩，
既然我們都是過客，就該攜一顆從容淡泊的心，
走過山重水複的流年，笑看風塵起落的人間。
不要在那些煩惱裡無力自拔，
也不要在那些糾纏裡無法釋懷，
萬事隨緣淡滋味，隨緣隨份，
世間事物，適可有度，
念著它的好，它才好；能想到心寬，它才寬。

★美好的一天，從萬般皆是命，看破放下，天自安排開始。

心的練習
第 *153* 天

寬容別人就是肚量；謙卑自己就是份量。

當你在追逐夢想的道路上，屢次受挫，
你是否停下來仔細想過，
是方向有誤？還是你的實力不夠？
迷茫，是因為才華配不上夢想，
而努力，就是為了讓才華趕上夢想，
不學習，不努力，夢想就會變成幻想！
所有的成功，都來自於不倦的努力和奔跑，
所有幸福，都來自平凡的奮鬥和堅持，
成功沒有捷徑，只要你願意，
並且為之堅持，總有一天，你會活成自己喜歡的模樣！
別忘了，陽光下燦爛，風雨中奔跑，
走著走著，就會迎來一路花開！

★美好的一天，從寬容別人就是肚量；謙卑自己就是份量開始。

遇事緩一緩，說話停一停。

沒有親眼所見，就不用急著用你的嘴巴來證明。
對不知道的事，直接說「不知道」才是最輕鬆的。
如果別人朝你扔石頭，就不要扔回去了，
留著做你建高樓的基石。
人紅是非多，
如果你鬥不過「是非」，
不如暫時放棄「當紅」，
以退為進。
忍得了就忍，忍不了就改變，改變不了就認了吧！
遇事緩一緩，說話停一停，很多東西便會清晰，
發射自己的光，但不要吹熄別人的燈。
莫與小人為仇，小人自有對頭。

★美好的一天，從管不了別人的嘴，就低調慎行，沉默以對開始。

面對壓力和挫折，轉個念，它就是我們生命中的甜點。

人生當中要面臨許多壓力挫折，
但只要轉個念，換個角度看它，
就是我們生命中的甜點，另類的驚喜，輸在起跑點又何妨？
面對磨難挫折，只要我們不迴避退縮，
平靜面對、樂觀積極地處理，
那麼在天很黑的時候，星星就會出現……
在逆境中，只要勇敢，
踢走惶恐憂鬱，你會發現生命出現契機，事情也有了轉圜，
那麼，那些讓我們難以承受的壓力痛苦，
也就不是完全沒有價值，
因為，它使我們思想、人格更趨成熟穩重，
有能力去承擔一切，並樂於發掘新事物。

★美好的一天，從心解脫，轉個念，翻個身，又是一條好漢開始。

沒有人一開始，就會被所有人理解和支援。

沒有人一開始就強大，
沒有人一開始就會被所有人理解和支援，
沒錢的時候就連你最親的人都看不起你。
別否認，這真是事實。
你的堅持決定你人生的高度，
當你低頭賺錢的時候，
終有一天，你會抬頭贏回所有的面子！
人生的帆，不怕狂風巨浪，只怕自己沒膽量！
有路，就大膽去走；有夢，就大膽飛翔。
每一個險惡的浪，都會有浪花綻放，
邊衝浪邊欣賞，才是人生奮鬥的方向！

★美好的一天，從不要夢裡空想，大膽才是我們的信仰開始。

在煩惱中放手，就是生命的重生；在痛苦中看淡，就是人生又一次向前。

每個人都在整理著，內心的世界，
每個人也都在耕耘著，自己人生的向前，
在煩惱中放手，就是生命的重生；
在痛苦中看淡，就是人生又一次向前。
每個人能否度過難關，並不取決於忍耐力，
而是取決於他能否明白，
所有好與不好，都是生活的一部分。
而在生命這條漫漫長路上，
一切憂傷難過都不會長久。
讓我們一起努力，
人生就是體驗的過程，
人生就是實現，自我價值的過程。

★美好的一天，從存好心，說好話，行好事，做好人，傳遞愛，傳遞正能量開始。

把每一個今天，都當成人生的開始。

一切煩惱來自執著。
執著什麼，就會被什麼所騙，
執著誰，就會被誰所傷害，
學會放下，凡事看淡，不牽掛不計較。
每一天都很短，但每天都很重要，
因為每天都是成功的開始，
漂亮的今天，可以把昨天的努力變成明天的輝煌，
漂亮的今天，可以把昨天的失敗變成明天的成功。
因此，身處今天，
不要總是懷念，總是感歎，總是埋怨……
我們應該把每一個今天，都當成人生的開始！
只有從零開始，腳踏實地，
全身心的經營好今天，才會迎來燦爛的明天！

★美好的一天，從歸零沉澱，重心出發，迎接今天，挑戰明天開始。

許多人不是死於疾病，而是死於自己的無知。

許多人不是死於疾病，
而是死於自己的無知。
許多疾病是完全能預防的，
而不是得靠醫生的治療。
多學一點保健知識，
你的人生會活得更快樂更持久。
要善待生命，為自己負責，
不要對自己的健康不以為然，
不要以為金錢是萬能的，
不要到病入膏肓才醒悟，
不要少年就得老年病。
過得好不好，只有自己知道。

★美好的一天，從定期健康檢查，多關照自己的健康開始。

尊重別人就是尊重自己，教養才是一個人最好的名片。

真正有教養的人，
不會用自以為是的優勢，去過分苛責別人，無視別人，
因為他深知，尊重別人就是尊重自己，
教養才是一個人最好的名片，
教養是不讓別人難堪。
真正有教養的人，
懂得設身處地為他人著想，用真誠與善良與他人交往，
而不是心中只想著自己，將自己的情緒凌駕於他人之上，
面子、金錢、地位，都不是衡量一個人的最佳標準，
真正決定個人魅力的，是骨子裡一成不變的教養，
它決定了你的眼界，
決定了你未來會不會成功，
能不能走多遠。

★美好的一天，從教養、品格、善良是人生最大的福報開始。

學會放下，有捨才有得。

學會放下。

人生中，我們要經歷很多改變，

每次改變都意味著，

我們要放下眼前的，

才能去追求未知的領域，開始新的冒險。

就像馬戲團裏表演高空秋千的小丑，

每一次凌空飛躍，

他都要放下眼前的秋千，才能保證抓住下一個秋千。

同樣，如果我們把眼前的東西看得太重，抓得太緊，

拒絕放下時，也就無法擁抱嶄新的生活。

★美好的一天，從有捨才有得，學會放下，擁抱全新的生活開始。

心的練習
第 162 天

因為有了失敗的經歷，我們才會更好地把握成功的時機。

因為有了失敗的經歷，我們才會更好地把握，成功的時機；
因為有了痛苦的經歷，我們才更懂得珍惜；
因為有了失去的經歷，我們才不會輕易放棄……
不去學習，哪來知識。
不去工作，哪來財富。
不去拚搏，哪來成功！
不去嘗試，哪來的機會！
所謂困難，困在家裡就難，
所謂出路，走出家門就有路，
思路決定出路，高度決定視野，
有信心不一定贏，沒信心一定會失敗。
成功是屬於有夢想，有鬥志，有正能量的人。

★美好的一天，從哪裡跌倒，就從哪裡站起開始。

人活到了這年頭，總該有個目標。

活到了這年頭，
不懂自己到底要什麼，
不敢說自己在偷想什麼，
最好你無所求，
但沒了七情六慾的日子，又有什麼好過？
青蛙和癩蛤蟆有什麼區別？
青蛙思想保守，不思進取，坐井觀天，是負能量；
而癩蛤蟆思想前衛，想吃天鵝肉有遠大目標，是正能量。
最後青蛙上了飯桌，成了一道菜叫田雞，
癩蛤蟆上了供台，改名叫聚財金蟾！
所以長得醜點不怕，
重要的是要有目標、有思想、有夢想，
全力以赴的行動，終究成功。

★美好的一天，從人不可貌相，築夢踏實開始。

看淡得失，才能品嘗幸福。

歲月，讓我們對生命的理解，和感悟越來越深。
光陰，可以消磨我們的風華，卻帶給我們成熟的魅力。
風塵，能夠暗淡我們的容顏，卻將一份智慧與淡定，
浸潤在我們的心靈。
只有經過歲月的打磨，人生才能沙粒成珠，彩蝶破繭。
修煉自我，
借完善自己抵達幸福，
借寬容別人淡化痛苦。
想開了自然微笑，看透了肯定放下；
做不成太陽，就做最亮的星星，
成不了大路，就做最美的小徑，
成不了明星，就做平凡的百姓，
做最好的自己，綻放生命光彩。

★美好的一天，從放下貪念，看淡得失，才能品嘗幸福開始。

優雅的關鍵，在於控制自己的情緒。

無論你有多麼聰明，多麼富有，多有權勢，
人憤怒的那一個瞬間，智商是零，
千萬不要憤怒的時候，做任何決策！
人的優雅關鍵，在於控制自己情緒，
用嘴傷害人，是最愚蠢的一種行為。
一個能控制住不良情緒的人，
比一個能拿下一座城的人更強大。
水深則流緩，語遲則人貴。
我們花了兩年時間學說話，
卻要花數十年時間學會閉嘴。

★美好的一天，從說，是一種能力；不說，是一種智慧開始。

心的練習

第 166 天

一個人太強勢，不管出發點是不是好的，定會受到傷害。

一個人太強勢，
不管出發點是不是好的，定會受到傷害，
這種傷害幾乎無法挽回，所以很多人遍體鱗傷，
因為不懂得示弱。
示弱其實很簡單，
在關鍵時聽從別人意見，
關注感受，情商管理得體
讓人合作有安全感。
示弱不是妥協，
是更快達到目標，
是偉大的學會示弱，
做熟透稻穀！

★美好的一天，從以退為進，低調謙卑，柔能克剛開始。

人生就是一個不斷選擇、不斷放棄的過程。

人生就是一個不斷選擇、不斷放棄的過程。
有所放棄，才能讓有限的生命釋放出最大的能量。
沒有果敢的放棄，
就不會有頑強的堅持。
放棄是一種靈性的覺醒，
一種慧根的顯現，
一如放鳥返林、放魚入水。
當一切塵埃落定，往日的喧囂歸於平靜，
我們才會真正懂得：放棄也是一種選擇，
失去也是一種收穫。

★美好的一天，從一捨便得，不「捨不得」永不復得開始。

沒有了健康和快樂，什麼都是浮雲。

有一天「我」字丟了一撇，成了「找」字，
為找回那一撇，「我」問了很多人，那一撇是什麼？
商人說是金錢；
政客說是權力；
明星說是名氣；
軍人說是榮譽；
工人說是工資；
學生說是分數……
最後「生活」告訴「我」，
那一撇是：健康和快樂。
沒有它們，什麼都是浮雲。
你丟了什麼？又找到了什麼？

★美好的一天，從尋它千里，驀然回首，還是「我」開始。

當你失去所有依靠的時候，自然就什麼都會了。

這個世界根本不存在：「不會做」這回事！
當你失去所有依靠的時候，自然就什麼都會了！
不埋怨、不抱怨，生活對你很公平！
不努力，沒人會替你堅強！
人，是一根會思想的葦草，
它，有時隨風而動，卻心依然，
因為它明白：
真正意義的活著，不是跟著別人走了多久，而是獨自走了多遠。
在荒野，冷於眼，拙於神，卻潛於靈魂，動於思想。
愚非鈍，木非訥，癡非呆傻，在塵世中傲然行走，
在思考中抵達內心的寧靜與豐富。
笑著面對生活吧！

★美好的一天，從讓心裡的陽光，照亮生活中的點點滴滴開始。

發生在你身上的任何事，只要你不去過分關注它，它就會從你的心裡慢慢消失。

「心外無事」，就是讓我們遇到事時，
要波瀾不驚、不急不躁。
你要相信，發生在你身上的任何事，
只要你不去過分關注它，它就會從你的心裡慢慢消失，
只要你不為事情本身所動，天下就沒有任何艱難困苦，
可以奈何你。
每個人都有一種超級強大的武器，那就是我們的心靈。
我們要好好地利用它，
因為通往幸福的路上，絕不能沒有它。

★美好的一天，從無來無去，沒什麼事開始。

想不開，就不想，得不到，就不要。

想不開，就不想；得不到，就不要，
難為自己，何必呢？
對生命而言，接納才是最好的溫柔，
人生沒有絕對的公平，但是相對還是公平的。
是你的，就是你的。
我們努力了，珍惜了，問心無愧。
其他的，交給命運。
撐不住的時候，可以對自己說聲：「我好累」，
但永遠不要在心裡承認說：「我不行」。
生命中有很多事情，
足以把你打倒，
但真正打倒你的是自己的心態。
★美好的一天，從把一切看淡，心就不累了開始。

能夠說出的委屈，便不算委屈。

女人，不用自己的自尊，
去賭任何一個自己想要的未來。
別妄圖用自己的嫵媚，
去換取任何一份男人奢侈的愛。
既不做嬌滴滴的百合，
也別做風頭浪尖的玫瑰，
要做就做，
和男人一起飛翔的鷹，
和男人獨步的狼一樣。
你進，我陪你出生入死；
你退，我陪你頤養天年；
你輸，我陪你東山再起；
你贏，我陪你君臨天下……

放手，並不表示放棄；
微笑，並不意味快樂；
哭泣，並不意味傷心。

能夠說出的委屈，便不算委屈，
能夠搶走的愛人，便不算愛人。

★美好的一天，從在對的時間，遇到對的人，是一種幸福開始。

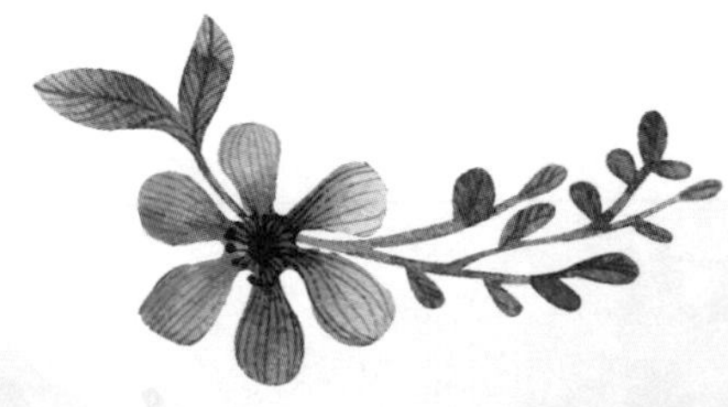

學會和自己獨處，心靈才能得到淨化。

學會和自己獨處，心靈才能得到淨化。
獨處，也是靈魂生長的必要空間，
只有靜下心來，才能回歸自我。
心靈有家，生命才有路。
只有學會和自己獨處，
心靈才會潔淨，心智才會成熟，心胸才會寬廣。
獨處，是一種靜美，也是一種修煉。
能夠在獨處時安然自得，
才會在喧囂時淡然自若。
陽光，不只是來自太陽，
也來自我們的心態！

★美好的一天，從心裡有陽光，才能看到世界美好的一面，提升生活正能量開始。

放下一切，說聲再見，接著繼續前行。

我要感恩朋友的一路相伴，
有些友情，不在生活裡，卻在生命裡，
有些感動，不在朝朝暮暮，卻在眉間心上，
我要感謝傷害過我的人，
是你們讓我知道了生活的滋味，
是你們讓我讀懂了人生的真諦，
我要放下這一切，說聲再見，接著繼續前行，
我要感謝那些離開的人，天下沒有不散的筵席，
揮揮手轉身便是天涯，
每一個離開，都是為了遇見更好的自己。

★美好的一天，從感恩生活，珍惜相遇，執著努力，隨遇而安開始。

想起一個人，是情不自禁的笑容；念起一份情，是熱淚盈眶的感動。

遠在千里的人，卻是近在心裡的情；
不能擁有的夢，卻有甘願守候的心。
想起一個人，是情不自禁的笑容；
念起一份情，是熱淚盈眶的感動。
每個人心裡都藏著一片空間，存著一些回憶；
每個人都有一份甜蜜，屬於自己的私密。
有些情，放置心中一隅，永不褪色；
有些愛，在歲月中沉睡，一直鮮豔。
思念一個人，美好而酸澀，
牽掛一個人，甜蜜而孤單。

★美好的一天，從一份情，默默存放；一份愛，永遠珍藏開始。

世上沒有誰屬於誰，只會有誰會陪著誰。

一顆心，始終不願放棄，
是知道一路走來有多麼的不易。
一個人總是默默守候，
是懂得太多的風雨與共，需要莫大的勇氣。
其實，這世上沒有誰屬於誰，只會有誰會陪著誰。
你永遠也看不見，我最愛你的時候，
因為我只有，在看不見你的時候，才最愛你。
愛一個人掏心掏肺，只希望對方可以看見。
傷人心的不是路的距離，而是心的離分；
冷人情的不是不理不睬，而是視而不見。

★美好的一天，從一句「我知道」，「我了解」，暖的是心開始。

智慧的人以真誠待人，聰明的人用真心做事。

智者不多言，睿者不炫耀，善者不浮誇。
智慧的人以真誠待人，
聰明的人用真心做事，
善良的人憑良知言行。
能念經的人，未必一心向佛，
能誇你的人，未必真心實意，
能寫文的人，未必學富五車，
真正有能耐的人，
不會斤斤計較，不會處處逞強，更不會自誇自炫；
真正有修行的人，
不是天天敲鐘念佛，不是時時買魚放生，
而是擁有一顆善良的心。

★美好的一天，從心要向善，利己，利人，利世界開始。

人生就是，一次次的因緣相聚，一次次的緣盡分離。

人生就是，一次次的因緣相聚，一次次的緣盡分離。
無論善惡緣，時間長或短，結局好與否，
皆取決於你用什麼心態對待。
不要把希望寄託在別人身上，
自己要學會從自己身上尋找希望，
給自己一份信心，
人活著拚搏並不是要和誰比，
只是希望自己，能夠過得更好一點。
世界上最美麗的風景，就是你有一顆善良的心，
散發著優美的磁場和魅力，走到哪裡，就照亮到哪裡，
溫暖到哪裡。

★美好的一天，從不必仰慕別人，走好自己的每一步開始。

逆水行舟，不進則退。

吃苦是人生必要的積累過程，
只有經歷過足夠的艱難困苦，
才能破繭化蝶，
成為一個能撐得起一片天的人，
逆水行舟，不進則退。
每一滴汗水都不會白流，
每一顆種子都會擁抱春天。
幸福可能會遲到，但一定不會失約。
當你成功了，你的故事就是傳奇；
當你失敗了，你的故事就是笑話；
當你放棄了，你的故事只是一個案例；
當你拒絕了，你的故事只是一片空白。
當你全力以赴了，你的故事將會是一段美好回憶。

★美好的一天，從人生的大舞臺，你我的故事都是傳奇開始。

睜眼看優點，閉眼看缺點。

人要有一顆寬容之心，
方能容天下難容之事。
我們要學會寬容，與自己看法不同的人，
特別是與自己有矛盾的人。
寬容別人，實際上是給自己的心靈鬆綁，
否則，只會給自己的心靈加壓，受累的還是自己。
要承認人與人之間的差別，
多看別人的優點和長處，
寬容別人不足之處，
一分為二地看待別人，
睜眼看優點，閉眼看缺點。
學會用欣賞的眼光看人。
★美好的一天，從海納百川，心量大，路寬大開始。

心的練習
第 181 天

別等不該等的人，別傷不該傷的心。

別等不該等的人，別傷不該傷的心，
有些人，註定是生命中的過客；
有些事，常常讓我們很無奈。
與其傷心流淚，不如從容面對。

孤獨，不一定不快樂；
得到，不一定能長久；
失去，不一定不再擁有。

愛的時候，讓他自由；不愛的時候，讓愛自由。
看得淡一點，傷就會少一點。

人最強大的時候，不是堅持的時候，而是放下的時候。
當你選擇騰空雙手，還有誰能從你手中奪走什麼？
多少人在哀歎命運無可奈何之際，
卻忘了世上最強悍的三個字是：不在乎！

★美好的一天，從「不在乎」時，面子又如何開始。

短期交往靠感覺，長期交往看性格。

短期交往靠感覺，長期交往看性格，一生交往看人品！
時間可真是個好東西，
驗證了人心，見證了人品，
懂得了真心，明白了假意，
我總是擔心身邊會失去誰，
可我卻忘問有誰會害怕失去我？
有時候，我們努力，不是為了改變世界，而是不被世界改變。
沒有一條路是彎路，也沒有一種努力是荒廢，
不是所有奮鬥，都會有一個讓你滿意的結果，
但每一個奮鬥的過程，都會讓你變得與眾不同。
雖然我不完美，但我很真實，
用真實的心，對待我生命中的每一個人。

★美好的一天，從努力珍惜，依心而行，無憾今生開始。

希望，永遠都是生活的動力，而夢想，是生命的支點。

每一段路程，每一段人生，
都有獨特的精彩，散發各自的光芒。
是那份堅持不懈，讓我們變得優秀而與眾不同，
希望，永遠都是生活的動力，而夢想，是生命的支點。
不管您在人生哪個階段，我們都應該有不同的理想和目標，
深信，愛在心中流動，
生命永遠是一種積極向上的狀態，
在逝去的人生路上，揣著一顆清新的心。
相信，有些東西永遠不會老，
比如愛，比如希望，比如夢想，
別著急恐慌，也別哀愁氣餒，
努力不息，奮鬥終生！為自己負責撐起一生的幸福。

★美好的一天，從天道酬勤，保有夢想，堅持目標開始。

心只有那麼大，裝滿了埋怨和悔恨，哪還有空間去裝快樂和幸福？

我們的年齡越來越大，
就發現開心的事情越少，煩惱卻越來越多，
為了家庭，為了生活，自己默默忍受了太多，
真的需要那麼在意別人的評價嗎？
仰不愧於天，俯不愧於地，
心就能得以安寧，
心安寧，那就是好生活。
如果背負了太多，心就會疲憊不堪，
忘卻那些應該被淡忘的人與事。
有些人不必懷念，有些人不必理會，
心只有那麼大，裝滿了埋怨和悔恨，
你還有空間去裝快樂和幸福嗎？

★美好的一天，從內心深處原諒了別人，才是真正地善待自己開始。

生活就是這麼現實。三個字：靠自己！

狠狠地賺錢，不是因為多愛錢，
而是這輩子，不想因為錢和誰低三下四！
也不想因為錢而為難誰！
只希望在父母年老時，我可以有能力分擔，
在孩子需要時，我不會囊中羞澀，
沒有錢，你拿什麼？
維持你的親情，
穩固你的愛情，
聯絡你的友情，
生活就是這麼現實。
送給自己，最棒的三個字是：靠自己！
努力到無能為力，拚搏到感動自己！

★美好的一天，從在陽光下燦爛，在風雨中堅強開始。

有目標的人在感恩，沒目標的人在抱怨。

有目標的人在路上奔跑，
沒目標的人在床上睡覺，
因為他不知道要去哪裡；
有目標的人充滿感恩，
沒目標的人總是抱怨，
因為覺得全世界都欠他的，
有目標的人睡不著，
沒目標的人醒不來，
因為不知道起來去幹嘛；
給人生一個夢，
給夢一條路，
給路一個方向；
跌倒了，要學會自己爬起來，

受傷了，要學會自己療傷；
埋怨，只是一種懦弱的表現；
努力，才是人生的態度！
★美好的一天，從實力代表尊嚴開始。

女人不能隨便惹。

把自己的思想裝進別人的腦袋裡，
把別人的錢裝進自己的口袋裡，
前者成功了叫老師，後者成功了叫老闆，
兩者都成功了叫老婆。
「情人節」溫馨提示：家和萬事興，
跟老師鬥是不想學了，
跟老闆鬥是不想混了，
跟老婆鬥是不想過了。
請大家牢記女人不能隨便惹：
秦始皇惹了孟姜女，剛修的長城被哭倒了；
曹操惹了小喬，赤壁木船被火燒光了；
李世民惹了武媚娘，江山被奪走了；
所以要好好尊重你身邊的女人。

★美好的一天，從天乾物燥，小心她鬧，聽話就沒事開始。

人生不要輸給一個「等」字，做就對了。

成功需要下定決心，
決心是由心來決定的，最後才有決心。
在這個世界上任何一個人，
無論你在做任何事情，
都希望獲得成功，而不希望獲得失敗。
夢想是深藏在內心深處，最渴望的地方。
不去做，就永遠不會有收穫。
不相信，就永遠不會有成功。
不可能，就永遠停留在現在。
未來，是靠把握機會和努力奮鬥的，
成功方式：
想法＋方法＋做法＋執行力＋堅持＝成功。
★美好的一天，從人生不要輸給一個「等」字，做就對了開始。

人無所捨，必無所成。

人無所捨，必無所成。
能抓住希望的只有自己，
能放棄希望的也只有自己。
無論成敗，我們都有理由為自己喝彩，
跌倒了，失去了，不要緊，
人生不怕重來，就怕跌倒了爬不起來！
世界上所有成功的人，
都是不安於現狀的人，
積極進取的人，把握機會的人，
勇於挑戰自己，堅持到底的人，
擦亮你的眼睛，別讓迷茫迷惑了自己。

★美好的一天，從跌倒了，爬起來繼續風雨兼程，且歌且行開始。

強硬有強硬的好處，忍讓有忍讓的優勢。

有時，生活就是一種妥協，
一種忍讓，一種遷就。
並非所有的事情，都適宜針鋒相對，
鏗鏘有力，多彩的生活，
既有陽光明媚，也有傾盆大雨，
強硬有強硬的好處，
忍讓有忍讓的優勢，
任何時候，都需要我們審時度勢，適宜而為，
妥協不一定全是軟弱，
忍讓不一定就是無能，
和為貴，
有時，遷就忍讓也是一種智慧。

★美好的一天，從凡事謙讓吞忍，誰與爭鋒開始。

一生中能有一個愛你疼你，牽掛你，並且能真正懂你的人，就是幸福。

做一個簡單的人，有自己的心，有自己的原則，
學會優雅的轉身，請管好自己的心，
別讓它輕易的四處紛飛飄舞；
請走好自己的路，別讓它扭曲夭折人生的旅途。
人與人之間沒有誰離不開誰，只有誰不珍惜誰。
一個轉身，二個世界！
一生中能有一個愛你疼你，牽掛你，
並且能真正懂你的人，就是幸福。
不是所有的人，都可以掏心掏肺，
路過的都是景，擦肩的都是客。
不管是朋友還是愛人，只要是在乎我的人，
我都會加倍珍惜！

★美好的一天，從安住心，惜緣，緣是人間一種看不見的引力開始。

難過的時候，抱一下。

謠言猛於虎，
多少人的關係變了，是因為別人的嘴，
傳來傳去添油加醋變了味！
背後議論你的人，都是不如你的人，
因為比你牛的人，根本沒空理你，
真正的好朋友，互損不會翻臉，
疏遠不會猜疑，出錢不會計較，
地位不分高低，成功無需巴結，失敗不會離去。
奮鬥的時候，搭把手，
迷茫的時候，拉一把，
開心的時候，乾一杯，
難過的時候，抱一下。

★美好的一天，從不活在謠言裡，堅定方向，走自己的路開始。

心的練習
第193天

幸福是一杯水，容易獲得，卻常常被忽略，渴了才知道它的甘甜滋味。

幸福只是一杯水，極容易獲得，卻又常常被忽略，渴了才知道它的甘甜滋味。

人的一生，沒有歲月可以回頭，沒有時光可以倒流；也許這是一種遺憾，也許是另一種擁有。

經歷過奔波辛苦，就知道知足是福，
經歷過跋涉之累就知道安定的滋味，
經歷過忙碌的疲憊才知道清閒之美，
不經歷生活磨難，不知道日子心酸，
不經歷瑣碎煩腦；不知道淡泊重要，
不經歷人間酸辣，不知道生活苦甜，
不經歷感情牽絆，不知道世間冷暖，
閱歷是一種成熟，經歷是一筆財富，
生命是一種懂得，完美是一種追求。

★美好的一天，從活著是一種責任開始。

目中有人，才有路可走；心中有愛，才有事所為。

人生最大的喜悅，就是遇見，
彼此同頻道的那一盞明燈，
你點燃我的激情，
我點燃你的夢想；
你照亮我的前途，
我指引你走過黑暗的旅程。
你我，彼此是貴人，相互輔助，
成就了對方，甚至成為一生的合作夥伴。
一個人的涵養，來自大度，來自寬容；
一個人的修為，是懂得包容，懂得尊重，
目中有人，才有路可走；
心中有愛，才有事所為！

★美好的一天，從心有多寬，路就有多寬，心是大海，夢是藍天開始。

不要詛咒腳下的污泥，因為它能提醒你走路小心。

不要詛咒腳下的污泥，
因為它能提醒你走路小心，
風雨帶給人災難與毀滅，
但也帶給人重新整建的契機，
我們無時不在熔爐中或鐵砧上，
上天以此磨練我們使成大事，
挫折不可恥，
可恥的是失去面對問題的信心和勇氣，
進而失去解決問題的思考和創造力，
人生一世，草木一秋，皆是過程，
美與可愛，有心皆懂。
如有來生，我願為樹，一葉之靈，窺盡全秋。
如有來生，生於蓮中，洗淨鉛華，度盡眾生。

★美好的一天，從不合理，不如意，都是最好的磨練，將這一世一生過好開始。

遇到失意不悲觀，遇到得意不忘形。

人生在世道中，更是如月一樣，
有陰晦有明亮，有缺憾有圓滿。
有小人欺負，有貴人相助，
也少不了該去的沒去，該來的沒來。
天道如此，世道如此，人生道路亦如此，
還有什麼想不通的呢？

受到月亮的啟示，是否可以做到以下幾點呢？
遇到困難不畏懼、遇到容易不懈怠，
遇到複雜不急躁、遇到簡單不馬虎，
遇到平常不散漫、遇到關鍵不緊張，
遇到失意不悲觀、遇到得意不忘形，
遇到捨棄不怕多、遇到得到不嫌少，
遇到開場不著急、遇到謝幕不落寞。

★美好的一天，從寬心接受世事無常，勤奮踏實，成就生活之美開始。

心的練習

第 197 天

拿不來的東西，不要硬拿，即使暫時得到，也會失去。

擠不進的世界，不要硬擠，難為了別人，作賤了自己；
做不來的事情，不要硬做，換種思路，也許會事半功倍；
拿不來的東西，不要硬拿，即使暫時得到，也會失去。
人生之路是逼著走出來的，
不逼自己一把，就永遠不知道自己能做多大的事。
切斷了退路，自然會想辦法尋找出路；
掐斷了幻想，才會埋頭苦幹。
逼著自己走出第一步，
第二步、第三步就容易多了。
如果不逼自己，懶惰就會逐漸鏽蝕自己的心，
曾經的豪情萬丈也會灰飛煙滅，
生命的價值將會大打折扣。

★美好的一天，從逼自己一把，破斧成舟，打開新局開始。

不冒險就是最大的冒險，害怕失敗，就等於拒絕成功！

人生，敢闖，才有機會！敢拚，才有未來！
大膽行動起來！
想常人之不敢想做常人之不敢做；
不拚，怎麼知道不行；
有沒有勇氣走出第一步，
往往是人生的分水嶺；
人的成功是被危險逼出來的；
不冒險就是最大的冒險，
害怕失敗，就等於拒絕成功！
不管做什麼，都不要急於回報！
因為播種和收穫不在一個季節！
只要你播下種子就一定會有收穫，
尤其是善根和福報。

★美好的一天，從大悲心起，一念之慈，萬物皆善開始。

心的練習
第 199 天

常常生氣，下輩子就醜陋。

你要學習不要怨恨。
今天你長得高、長得矮，或者長得美、長得醜，
跟你前世的動念都有很大關係。
你前世待人平等，對待每一個人心如大地，
你的心平等，有慈悲心，有喜捨心，
你的面相就非常地莊嚴；
如果你什麼事情都罣礙，
常常生氣，下輩子就醜陋。
你這一輩子輕視窮人，
或是輕視那些殘障的人，
那麼你下輩子果報就不好。
因此，我們的內心裡面，不可以有任何這樣的種子，
你一定要重視，你現在的起心、動念。

★美好的一天，從菩薩畏因，眾生畏果，善因善念開始。

我們無法確定，明天的故事中會發生什麼。

生命的舞臺，是沒有劇本的演出，
我們每天都在努力刻畫著自己的角色，
每一次落幕，也許就是一個故事的終結，
因為我們無法確定，明天的故事中會發生什麼。
生命的旅程，不管是與誰同行，還是一個人走，
都要給自己一分開闊的心境。
生活中需要的不單單是一份理解，
更需要一份對與錯的包容。
人生路不能迴轉，
我們無法拾起的太多，
但要避免留下過多的遺憾。
人生路雖不能達到一個絕對的完美，
但要給自己一個盡善的可能。

★美好的一天，從珍重一份遇見，讓溫情相隨，讓人生路走的不孤單開始。

有日出就有日落，有花開就有花謝，有晴天就有陰天，有新生就有消亡。

路長腳為尺，山高人為峰，
沒有比腳更長的路，沒有比人更高的山。
沒有劈不開的柴，只有磨不快的斧；
沒有做不到的事，只有想不到的人。
這個世界上，
有日出就有日落，有花開就有花謝，
有晴天就有陰天，有新生就有消亡。
人生的旅途中，
有人哭，有人笑，有人沉默，
有人高調，有人風光，有人低谷。
但這都是暫時的，變化的，輪迴的，
我們之所以煩憂，都因為追求太高，期望值太大；
放不下曾經的美好，丟不掉今日的晦暗。

★美好的一天，從習於無常，不要太執著於好高騖遠的事情開始。

一個善良的人，就像一盞明燈，既照亮了周圍的人，也溫暖了自己。

最深沉的愛總是風雨兼程，最濃厚的情總是冷暖與共。

感激這份遇見，珍惜這份友情！

一個善良的人，就像一盞明燈，

既照亮了周圍的人，也溫暖了自己，

善良無須灌輸和強迫，只會相互傳播。

所以，做人不一定要頂天立地，轟轟烈烈，但一定要善良真誠，

人心，不是求來的，而是善來的。

你施人溫暖，人才會予你陽光；你施人真心，人才會予你和善。

他人是自己的一面鏡子，

持猜疑心就會身陷不安；

持指責心就會處處遇阻；

持寬厚心才能一切相安。

君子有容人之雅量，故處處生祥。

★美好的一天，從一顆包容心，海納百川開始。

我們今天所走的每一步，都已為明天埋下了伏筆。

活在這世間，人的命運看似變化莫測，
實際上，我們今天所走的每一步，
都已為明天埋下了伏筆。
我們所做的每一件事，
都如同我們隨手撒下的種子，最終結出屬於自己的果實，
人生的答卷沒有橡皮擦，寫上去就無法再更改，
過去的就讓它過去，否則就是跟自己過不去。
真正屬於你的，只有活生生的現在，
只有握得住當下，才有可能掌控自己的命運，
只有相信未來，相信自己，
今天的你才能成就明天的你。
每個新的一天，都是改變你人生的又一次機會。

★美好的一天，從把握每一個當下，行動成就夢想，奮鬥成就人生開始。

生命中的所有經歷，都是最好的安排。

生活的環境都由自心變現。

心裡有什麼，就有什麼；心靜，環境就靜。

世上本來沒煩惱，煩惱都是自己找。

怨恨和恐懼是與人相伴的兩大心魔，

修行的核心在於：擺脫對過去的怨恨和對將來的恐懼。

沒有一件事情會無緣無故的，發生在你身上，

沒有一個人會無緣無故的，出現在你生命裡，

世間的每次相遇，都是久別重逢；

人生所有際遇，都是命中注定；

生命中的所有經歷，都是最好安排，

是來幫助你、成就你，是你的福報。

★美好的一天，從定心，定靜，一切都是美好的開始。

努力互相理解。

在每個人的一生中，總會與各種人交往，
總會遇到各種情況發生，
許多人往往因為不能理解對方，而發生誤會出現嚴重分歧，
甚至造成無法彌補的裂痕，這樣的教訓是屢見不鮮的。
無論遇到任何事情，
如果能站在對方的立場角度去想，
如果對方是自己應當怎樣去做，
這樣就會充分理解，對方的心情和行為，
就可以冰釋前嫌，和好如初了。
與任何人的相處都很融洽，生活中的一切都很順利，
幸福就隨之而來了，人活百歲。
只要互相理解，才會收穫快樂、收穫健康，
收穫幸福，收穫長壽！

★美好的一天，從將心比心，黃土變金，理解萬歲開始。

有時候在乎的太多，對自己只是折磨。

因為無能為力，所以順其自然。
因為心無所恃，所以隨遇而安。
我們習慣了無所謂，卻不是真的什麼都不在乎。
生活累，一小半源於生存，一大半源於攀比。
生命，本是一趟旅程，每個人都在途中，
每個人都在不知不覺，路過著沿途的風景。
生命若水，石過處，驚濤駭浪；
生命若夢，回首處，夢過嫣然。
也許，生命本身就是一個奇蹟，
一花一世界，一葉一菩提，
這奇蹟裡有太多的酸甜苦辣；
也許，生命本身就是一個傳說，
悲歡離合，每個人都是風景。
有時候在乎的太多，對自己只是折磨。

★美好的一天，從不亂於心，不困於情，不畏將來，不念過往開始。

珍惜眼前人，走好腳下路，做好手中事。

人，堅強久了會疲憊；情，在乎多了會心碎；
事，較真多了會受罪；話，說太多了會浪費。
既然是生活，就免不了酸甜苦辣，
既然是人生，就免不了人情冷暖，
誰不願一生順順當當，不寫悲傷，
誰不願感情不離不棄，一生珍藏，
有些事，看清了也就看輕了；
有些人，看透的也就無所謂了。
人吶，不能活得太明白。
正所謂，掏心掏肺白白受罪，沒心沒肺活得不累。
只要問心無愧，你就價值不菲；
只要真誠善良，就有溫暖回饋。

★美好的一天，從珍惜眼前人，走好腳下路，做好手中事開始。

每個人，都可以努力，成為自己想要的樣子。

人人心中都有一盞燈，
自己不點亮，沒人幫著點亮，久了心中就會充滿黑暗。
人人心中都有一口井，
自己不清淤，沒人幫著清淤，久了心中就會充滿淤泥。
人人心中都有一棵樹，
自己不修剪，沒人幫著修剪，久了心中就會充滿枯葉。
人人心中都有一朵花，
自己不培育，沒人幫著培育，久了心中就會充滿荒涼。
不是每個人都能，成為自己想要的樣子，
但每個人，都可以努力，成為自己想要的樣子。
相信自己，你能作繭自縛，就能破繭成蝶。

★美好的一天，從早起學習，吸收正能量開始。

太精明是一種累，太糊塗是一種罪。

太精明是一種累，太糊塗是一種罪，
智慧的人生，是該醒則醒，該醉則醉。
人這一輩子怎麼活都是活，
跨不過的門檻，別硬跨；得不到的感情，別強求。
珍惜當下才配擁有，懂得放下才有從容。
人生如茶，品過才知濃淡；
生命如途，走過才知深淺；
歲月如酒，醉過才知夢醒。
人人都有苦衷，事事都有無奈，
不羨慕別人的輝煌，也不嘲笑別人的不幸。
晨起暮落是日子，奔波忙碌是人生，
快樂在時，好好把握；心不快時，別太難過。
生活再苦，都還得活著，熬著，過著、還要堅強的挺著……

★美好的一天，從酸、甜、苦、辣、鹹，一輩子，這就是人生開始。

騰不出時間睡覺的人，遲早會騰出時間來生病。

騰不出時間陪伴家人，遲早會騰出時間來流淚；
騰不出時間學習的人，遲早會騰出時間來後悔；
騰不出時間運動的人，遲早會騰出時間來減肥；
騰不出時間睡覺的人，遲早會騰出時間來生病。

時間對每個人都是公平的，
這裡透支的，總要在另外的地方彌補。
吵架最激烈不過一分鐘，而那一分鐘你說出的話，
是你用一百分鐘，都彌補不回來的。
人生就是一盤棋，你的對手就是時間。
垂死的人，用畢生的錢財，都無法換得一口生氣。
活著的人，往往不珍惜，
去追求錢財，失去了才明白。

★美好的一天，從再忙，也要留一些時間給自己開始。

雞叫了天會亮，雞不叫天也會亮。別把自己看得太重要。

人活一輩子，不是你做多大事業，有多少財富，
而是品德的積累，
只有好的德行，才會讓人心服；
好能力，只會讓人佩服；
好品德，才會讓人誠服。
好好做人、用心做事！
雞叫了天會亮，雞不叫天也會亮，
天亮了，雞說了不算，關鍵是天亮了，誰醒了。
寧可拚搏累死，也不能在家閒死，
寧可出去碰壁，也不能在家裡面壁，
奮鬥就是每一天很難，可一年一年卻越來越容易。
不奮鬥就是每天都很容易，可一年一年越來越難。
★美好的一天，從拚一個春夏秋冬，贏一個無悔人生開始。

肯低頭，就永遠不會撞門；肯讓步，就永遠不會退步。

誰不想拿得起，放得下，
把人生走得愉愉快快，
把生活過得輕輕鬆鬆。
拿得起，就要扛得住，
放得下，就需看得開，
這，既是能力，也是智慧，誰不願，誰不想？
只是生活中拿得起放得下之人，能有多少，
不然，為何有那麼多的苦，那麼多的痛。
我們不求，拿得起放得下，
只求，看開、看淡，就已經很好、很美。
肯低頭，就永遠不會撞門；
肯讓步，就永遠不會退步。

★美好的一天，從求缺的人，才有滿足感；惜福的人，才有幸福感開始。

健康的活著，平淡的過著，真實的愛著。

一直以來，習慣了，在黑夜溫柔的擁抱中，
聆聽音樂，舞文弄墨，放飛心情，
可以快樂，可以悲傷，可以禪定，
可以愜意的感受著，屬於自己的那份心情。
人生是盤棋，輸贏不定；
生活是場戲，哭笑不得；
生命是段距離，長短不一。
學會自律，懂得自尊，擁有自信，
下好自己的棋，做好自己的本色，
健康的活著，平淡的過著，
真實的愛著，樂此不疲的忙著，
就是一種充實，就是一種富裕。

★美好的一天，從享受黑夜的寧靜，等待黎明的到來開始。

一個人的時候，或許會無助，別忘了提醒自己，每個人都有自己要走的路。

一個人的時候，或許會無助，
別忘了提醒自己，每個人都有自己要走的路，
沒有人能陪著你一直走下去。
一個人的時候，或許會懦弱，
別忘了鼓勵自己，只要自己勇敢了，
在這個浮華的世界，總能學會如何堅強。
每個人都是有潛能的，生於安樂，死於憂患，
所以，當面對壓力的時候，不要焦燥，
也許這只是生活，對你的一點小考驗，
相信自己，一切都能處理好，
逼急了好漢可以上梁山，
時世造英雄，窮者思變，
沒有解決不了的一切。

★美好的一天，從匱乏是最好的恩賜，人只有壓力才會有動力開始。

生命中的每一個開始和結束，都是在豐富自己人生的閱歷。

每一天醒來，都是新的起點，
每一天的陽光都會有溫暖，
奔波的歲月，都是來去的光陰，
塵世的屋簷下，日子一直在路上，
人情很暖，那是因為緣分讓我們相遇，
人間很美，那是因為友情讓我們相牽，
有一種陪伴，雖不見身影卻很真誠，
有一種守候，雖悄然無聲卻很深情，
生命中的每一個開始和結束，
都是在豐富自己人生的閱歷。
遠去的，都不必追。
以歡喜心過生活，以平常心對浮沉，
心平氣和地過好每一個當下。

★美好的一天，從溫和的接納，溫柔的遠送，你笑了，生活才會對你微笑開始。

和誰在一起輕鬆、舒服、愉悅，就和誰在一起。

到了一定的年齡，
就不要再追求一些虛無縹緲、雲遮霧罩的東西了。
人這一生彈指一揮間，沒有多少時光可以浪費揮霍。
踏實一點，務實一點，真實一點，
和誰在一起輕鬆、舒服、愉悅，就和誰在一起。
追趕不上的，不追。
不屬於自己的，不要。
背不動的，放下。
看不慣的，轉身。
漸行漸遠的，隨意。
做自己想做的事，有自己的精神世界。
聽，最想聽的聲音。見，最想見的人。
找，最開心的事。喝，喜歡的茶。

★美好的一天，從一切唯心造，如此簡單甚好開始。

你永遠不會知道，後面的生活會給你留下多大的驚喜。

你永遠不會知道，後面的生活會給你留下多大的驚喜。
明天還有很多的路要走，好多關要闖，好多的美食要吃，
好多人要遇見，好多快樂要經歷。
有悲有喜才是人生，有苦有甜才是生活，
再大的傷痛睡一覺就忘了，未來的路還很長。
別人想什麼，我們控制不了，
別人做了什麼，我們也強求不了，
別人說了什麼，我們也不可預期，
唯一可以做的，就是盡心盡力做好自己的事，
走自己的路，按自己的原則，
好好生活，即使有人虧待了你，
時間也不會虧待你，人生更加不會虧待你。

★美好的一天，從懷抱夢想，不忘初心，盡人事，聽天命開始。

你才是命運的主人，該做什麼，不該做什麼，你自己決定。

人活著是一種責任，不管是苦是樂、是好是壞，
沒有人可以替你背負；
人活著只有一次，不管是滿是缺、是對是錯，
沒有下輩子可以再修補；
不要因為別人的品頭論足，懷疑自己的價值，
不要因為別人的指手畫腳，亂了自己的陣腳，
你才是命運的主人，
該做什麼、不該做什麼，你自己決定；
還沒做的要審視，
已經做的別後悔，
開始做的要堅持！

★美好的一天，從只要方向對，就不怕路遠，勇敢走下去開始。

樹的生長需要深度和高度，人的成長同樣需要深度和高度。

當一棵樹不再炫耀自己葉繁枝茂，而是深深紮根泥土，
它才真正的擁有深度。
當一棵樹不再攀比，自己與天空的距離，而是強大自己的內徑時，
它才真正的擁有高度。
樹的生長需要深度和高度，
人的成長同樣需要深度和高度，
當一個人能夠走出狹隘的自我，
回歸生命本源，反觀自己，努力修善自我，
不再有「我執」，不再炫耀，
而是點亮心燈，照耀他人的時候，
他的人生才開始有了意義，生命才擁有了價值，
從此他將變得快樂無比，成為真正富有的人。

★美好的一天，從水深無聲，人貴無語，謙沖自牧開始。

不管是窮還是富，唯一不能缺失的就是人心之善。

一個人身處順境時，不自傲不顯貴，
更應把品德修養擺在第一位，
不管是窮還是富，唯一不能缺失的就是人心之善，
人如果沒有了善，生命就失去了飽滿與張力，
人的精神就會腐敗和沉淪。
人有善念，天必佑之。
不管我們從事什麼工作，不管我們扮演什麼角色，
要守護好一顆善良的心，
不用擔心我們的善良，沒有人能看到，
當你看到醜陋的變得越來越美，
當你發現一花一草，都在對你微笑，
每件事都充滿順緣，身邊的人越來越喜歡你，
這就是善良的回報。

★美好的一天，從君子謙和，聖人和善，智者通透開始。

擺正自己的心態，要做就一定要做到最好，不然就不要做。

往往一件事情成敗，完全在於你想得太多，
做得太少，顧慮太多，又害怕自己做不好，
最後你會發現，你什麼也沒做，什麼也做不好。
只有擺正自己的心態，
要做就一定要做到最好，不然就不要做，
每個我們想去的地方，都有一段特別難走的路。
這段路也許會讓我們感到迷茫、痛苦，甚至絕望，
但我們選擇繼續前進，
是因為總有些人和事，值得我們用情至深。
我們要感謝那些，給予自己愛和力量的人和事，
也要感謝，那個有擔當和勇氣的自己。

★美好的一天，從立場堅定，你的態度決定一切，去做就對了開始。

自在生活，活在當下。

我們常常聽到的「看破紅塵」，
恰當的理解為，是對自我執著的一種，
清醒認識、智慧觀照，不被妄想所干擾，
安住當下平靜的生活，讓心不再漂浮，活一回清靜吉祥，
認識自己，自在生活。
很多人喜歡說「活在當下」，
很多人把這句話理解成及時行樂，
佛教裡，尤其禪宗，強調「活在當下」，
「當下即是」，指的是什麼呢？
是當下就領悟到真相，即刻就停下來。
讓什麼停下來呢？
讓你的習氣，你的貪欲，停下來；
讓你自己的心性，即刻顯現，即刻回到你自己。

★美好的一天，從做中學，學中覺，覺中悟開始。

一個人的心中，有多少恩，就會有多少福。

我不優秀，但我善良，不虛偽；
我不聰明，但我肯定不傻。
很多事，我都能看明白，只是不想說而已。
因為人太聰明了會很累，有時候糊塗一些更快樂。
我不喜歡勾心鬥角，也不喜歡被算計，更不喜歡假惺惺；
我喜歡真實的朋友在一起，
不挖苦，不諷刺，不玩心計，
不阿諛奉承，真誠的對待！
世界之大，人海茫茫，
能走在一起，真的是一種緣份。
所以我會好好感恩，身邊每一個對我好的人，
真心和我相處的人！

★美好的一天，從一個人的心中，有多少恩，就會有多少福開始。

人生，是一場跋涉，路難、事難、做人難。

人生，是一場跋涉，路難、事難、做人難。
擦肩的人，皆是無緣的過客；
錯過的事，終究化成一抹雲煙。
每個人，或多或少，都有所蒼涼；
或深或淺，都有些無奈。
不是人人都讓你如意，
不是事事都讓你稱心。
做人如飲酒，半醉半醒最適宜；
做事如握筆，半鬆半緊是自然。
累了把心靠岸，選擇了就不要後悔，
不為失敗懊惱，不為失去悲傷，
順其自然，隨緣自在。

★美好的一天，從心如荷塘，越寬，眼中污垢越少，幸福就越多開始。

路在腳下，沒有做不到，只有想不到。

面對擁有的應該去珍惜，
無法得到的無需去苛求，
人生就像一張，有去無回的單程車票，
沒有彩排，每一場都是現場直播，
把握好每一次的演出，便是最好的珍惜，
將生活中點滴的往事細細回味，
傷心時的淚，開心時的醉，
都是因為追求而可貴，
日落不是歲月的錯，
風起不是樹林的過，
只要愛付出過，
天堂裡的笑聲就不是傳說。

★美好的一天，從路在腳下，沒有做不到，只有想不到開始。

心的練習
第226天

開心、難過、成功、失敗……總是在所難免，所以不要太糾結。

人，難免會有不如意的時候，
不埋怨他人，也不亂發脾氣。
我們會遇到各種各樣的事情，
很多都是出乎意料的，
開心、難過、成功、失敗……
總是在所難免，所以不要太糾結。
如果你的一生還不錯，你可以慶祝，
如果你這一生很糟糕，也不要灰心，
坎坷的人生不可怕，
可怕的是缺乏了自信，沒有了自我，
如果整天怨天尤人，
埋怨老天的不公，命運的不順，

只會碌碌無為，無所事事，
只會向命運低頭，迷失前進的方向，
喪失自身的人生價值。
修道途中，難免都會有困難，
不經一番寒徹骨，焉得梅花撲鼻香。
★美好的一天，從要知命、要認命，才能夠立命、了命開始。

心的練習
第227天

以愛之心做事，以感恩之心做人。

有錢，把事做好！沒錢，把人做好！
有錢沒錢，把心態放正！
蛇不知道自己有毒，人不知道自己有錯。
你的好，對別人來說，就像一顆糖，吃了就沒了。
而你的不好，就像一道傷疤，會永遠存在，這就是人性！
生活給了我們太多考驗，我們學會了去接受和寬容。
如果有那麼一個人，
因為你的一點好，
就原諒你所有的不好，
那就好好珍惜吧，
因為大多數人，
只因為你的一點不好，
而忘記你所有的好！

★美好的一天，從以愛之心做事，以感恩之心做人開始。

每一條人生路都值得走，就看你怎麼走，怎麼努力，怎麼用心。

沒有比腳更遠的路，
沒有比人更高的山。
你不要妄圖消除一切困難，
困難永遠存在，永遠不可能消失，
而且它還會反覆不停地，阻礙你的前進之路。
但我們要做的就是堅持，
跨過一個又一個的困難，達到理想的彼岸。
路，是人走出來的。
只要堅持下去，不管多遠的路總會到達，
不管多高的山，總能攀登，
所以，敢問路在何方？
路在腳下。

★美好的一天，從每一條人生路都值得走，就看你怎麼走，怎麼努力開始。

心的練習
第229天

苦樂都是自己的；好壞都是個人的。

路，難不難，腳知道；事，順不順，心知道。
生活中的好多事情，喜也好，悲也罷，
感受都是自己的，
外人，只是猜測，永是推測。
誰的路，誰明白；誰的事，誰清楚。
苦樂都是自己的；好壞都是個人的。
別去對人傾吐；不要向人炫耀。
苦自己悄悄釋放；樂自己慢慢品味，
學會忍受，懂得承受，
讓心簡單，讓心透明，讓心輕鬆，
越聰明的人，其實越累。
在乎的多，割捨就難，往往失去的也就越多；
追求的苦，心事就重，往往美好的也就越少。

★美好的一天，從一步一步，不懼不退，千里之行，始於足下開始。

牽掛一個人的時候，只想問候一聲，感覺心裡踏實。

美麗看破了，不過是軀殼，
愛情看破了，不過是聚散，
名利看破了；不過是浮雲，
生命看破了，不過是無常，
紅塵看破了，不過是浮沉，
人生看破了，不過是夢幻，
想念一個人的時候，只想看上一眼，感覺很暖。
牽掛一個人的時候，只想問候一聲，感覺心裡踏實。
一個人孤單的時候，只想找個對的人，聊上一會兒。
世界上最貴的不是金錢，而是時間；
最美的不是風景，而是感情；
最難的不是相守，而是彼此的相知相愛，
認識不在於時間的長短，而在於彼此的懂得。

★美好的一天，從一輩子真的很短，請珍惜在乎你的人開始。

樂觀的心態，會促使你從問題裡找機會。

樂觀的人，在危機中看到的是希望，
悲觀的人，看到的是絕望。
樂觀的心態，能把壞的事情變好，
悲觀的心態，會把好的事情變壞。
樂觀的心態，會促使你從問題裡找機會，
悲觀的心態，會讓你從機會中找問題，
積極的心態像太陽，照到哪裡，哪裡亮，
消極的心態像月亮，初一、十五不一樣，
不是沒有陽光，是因為你總低著頭，
不是沒有綠洲，是因為你心中有一片沙漠。
成功吸引成功，迷宮吸引迷宮，要學會樂觀。

★美好的一天，從憂愁的過一天，倒不如快樂的過一天開始。

不抱怨，不嘲笑，不羡慕，才能找到最好的自己。

心態一直都是鑰匙，
你的心態，會支撐你一路的發展；
你的眼界，會決定選擇的方向；
你的格局，會意味著你成就多大的規模；
你的毅力，會支持你能夠走多遠；
你的用心，會注定你做出多好的成效！
聰明的人，總在尋找好心情；
成功的人，總在保持好心情；
幸福的人，總在享受好心情。
人生就應該在陽光下燦爛，風雨中奔跑，
不抱怨，不嘲笑，不羡慕，
才能找到最好的自己！

★美好的一天，從「安住」好心情開始。

心寬，世界才會大，心中裝有一盞燈的人，無論到哪裡都是光明的。

心寬，世界才會大，
心中裝有一盞燈的人，
無論到哪裡都是光明的。
種子撒落在泥路旁，
到了春天就會滿徑花香。
內心若堆滿垃圾，心胸自然狹隘；
內心若一塵不染，心胸就會無限寬廣。
頭腦是狹小的，卻能掩藏尺幅萬里的思想；
眼是一個點，卻能巡天遙看遼闊世界。

★美好的一天，從心開闊了，人生的路就開闊了開始。

障礙是隱藏的朋友。

如果你是一塊黏土，
上帝想把你塑造成一件精緻完美、前所未有的藝術品。
那麼他就必須用雙手重重地拍打你，
用刻刀狠狠地在你臉上刻畫，
再用砂紙不斷地在你身上摩擦。
這就如同我們在生活中遇到的種種困難與障礙，
它們正是在用一種強烈、激進的方式打磨著我們，
讓我們成為人生中美麗的作品。

★美好的一天，從吃得苦中苦，方為人上人開始。

無論待人還是做事，我們必須有所節制。

無論待人還是做事，我們必須有所節制。
過多的飲食會讓我們消化不良，
過分的花銷會讓我們債務纏身，
大喜大悲的情緒會引發身體疾病，
忽冷忽熱的態度會讓對方招架不住，甚至選擇遠離……
放縱，等於透支快樂，對習慣不加節制，
在年輕時候不會立即顯出它的影響，
但是它會逐漸消耗我們的精力，
到最後我們不得不結算帳目，
並且償還導致我們破產的債務。
所以，只有適度的節制，
才能從生活點滴中發現溫暖，
體會快樂，感受輕鬆的幸福。

★美好的一天，從進退有度，懂得節制開始。

工作不是人生的全部。

有人認為工作的成功，
是人生惟一的成功。
有人在工作中遇到一點挫折，
就整天唉聲歎氣，
好像生命進入了黑夜，
好像什麼都完了，
事實上除工作外，
人生還有更多成功的境界。
即使黑夜也能看到更遠的星星，
換種方式，照樣能成功。
太過於「勤奮」，就成了工作狂，
人生應當適時地「偷懶」。
你不是超人，永遠精力充沛，

瘋狂地賺錢，又花錢治病，

這是「殺雞取卵」的生活方式。

世上的事做不完，錢也賺不盡，

即使你是工作四十八小時的超人，

也擺脫不了重重煩惱和困難。

合理安排生活，

不要過「白天賺得天下，夜晚難以入眠」的生活。

★美好的一天，從調整生活步伐，重新定義自我開始。

眼光是什麼？是看問題的角度、深度及廣度。

領導者考核的是眼光、胸懷和實力！
眼光是什麼？
是看問題的角度、深度及廣度。
胸懷是什麼？
是指分配名利的意願度，
和分配方案的激勵效果，
以及接納建議與想法的態度。
實力是什麼？
學習、思考、執行，以及抗擊打的能力。
只有看到最艱難的東西，
依舊客觀、冷靜的保持樂觀，這就是好的心態。
如果你沒有看到未來的困難、挑戰在哪裡，
你的樂觀是盲目的！

★美好的一天，從培養獨特的眼光，寬大的胸襟，堅強的實力開始。

做好每一件簡單的事就不簡單，做好每一件平凡的事就不平凡。

一滴水裡藏著一片海洋，
一粒沙裡看出一個世界，
一朵花裡擁有一座天堂。
從生命的意義去看世界，
大象和螞蟻的大小都一樣。
手就是人的一張臉，
把臉上的快樂寫在手裡，
別人就能感受一片溫情；
把無限放在你的手上，
永恆就在剎那間收藏。
彎曲是一個優美的姿勢，
彎曲是一門人生的藝術。

小草彎彎地生長，
結果衝出亂石的阻隔，
呼吸空氣與享受陽光，
生命有不能承受之重，
我們要會退步，靈活地拐個彎。
懂得彎曲，是迎戰厄運的果敢；
懂得彎曲，是利用美的感覺面對生的苦難。

★美好的一天，從彎曲不是倒下，而是贏得更直挺的站立開始。

脾氣來，福氣沒，戒口用忍。

人家侮辱你，你要當作是培福；
人家傷害你，你要當作是他來成就你。
你受盡委屈，記得：你是有福報的人，不要抗拒。
心好嘴不好，榮華富貴全沒了，
什麼都不能忍耐，你的成就就有限，
忍辱也就是我們世間人講的，恆心、毅力、長遠心，
如果不改掉這個壞脾氣，
無論一天念多少部經，
講多少次法，度多少人學佛，
你自己都出不了三界。
發脾氣本身就是無明的表現，無明就是不明白。
你自己都不明白佛法，怎麼可能很圓滿的度人？

★美好的一天，從脾氣來，福氣沒，戒口用忍開始。

為心靈停留一片綠洲，像兒童一樣融入自然。

成功並非由鮮花和掌聲來導航，

陶醉於周圍的掌聲，會讓你迷失方向，

虛榮的人被智者所輕視，虛榮的人被愚者所傾服，

虛榮的人被阿諛者所崇拜，虛榮的人為自己的虛榮所奴役。

在紛繁複雜的人生中，應該為心靈停留一片綠洲，

像兒童一樣融入自然。

不要把享受生活放在退休之後，

年輕時不懂得享受生活的人，

到老時多半遭受疾病的折磨。

不要當工作狂和事業超人，

工作與家庭生活要相輔相成，

沒有生活的支撐，工作就成了無源之水。

★美好的一天，從共聽日月唱支歌，多感受生命的美好時光開始。

人生中，是一個不斷追求和攀登的過程。

很多時候，巨大的成功，
往往會導致，我們更大的失敗，
而暫時的失意，
卻常常能引領，
我們走向成功。
當走過生命的一周，
再回過頭來看自己的人生，
才驚奇地發現，
原來人生中，
根本就沒有什麼高處與低處，
只是一個不斷追求和攀登的過程。

★美好的一天，從吃苦吃補，不畏橫逆開始。

善待生命的那些緣，寬容並且隨喜。

學會了擔待，
學會了圓融，
學會了放棄，
在自我錘煉中，更加積極地面對生活，
對於那些生活的跌宕起伏，
心無得失，便是沉靜。
心無罣礙，便是幸福。
人生是跋涉，也是思考，
在風雨裡實踐，
在辛苦中樂觀，
路過那些途經的迷茫，
善待生命的那些緣，
寬容並且隨喜。

★美好的一天，從在自我錘煉中，更加積極地面對生活開始。

人生恰如旅行，去治癒那些生命中遭遇的悲歡苦樂。

人生恰如旅行，
去治癒那些生命中遭遇的悲歡苦樂，
活出內心面對世界，
最好的秩序和連結，
就讓這一切恰似久別重逢，和好如初。
多一些內心的平靜，
去面對這生活的忙碌與浮躁；
多一些內心的平衡，
去面對這世間的是非對錯。
學會祝福生活，在生活裡感知與收穫，
在這時光中散步經過，
祝福這世間燈火闌珊，百態冷暖。
★美好的一天，從善待生命的約定開始。

這個社會，勤奮的雙腳，永遠趕不上智慧的大腦。

窮人洗澡，富人洗腦！

牛耕田一輩子，

沒有一塊田是牛的；

上班打工一輩子，

沒有一份事業是自己的。

這個社會，勤奮的雙腳，

永遠趕不上智慧的大腦！

要想讓自己的眼光有高度，

思想有深度，財富有厚度，

請堅持不斷的緊跟成功的事業與環境！

做對事贏一局，跟對人贏一生！

★美好的一天，從別說自己不行，是你想不想要開始。

心態調整好，遇到的一切都將是美好的。

成就靠自己，成功靠團隊。
人生就是奔跑的過程，
不在於瞬間的爆發，而在奔跑磨練中獲取經歷，
只有這些經歷及方法，才是真正需要的東西。
很多時候，靜下心來想一想，
成功就是多堅持一分鐘，
只是我們不知道，這一分鐘會在什麼時候到來，
所以，即使累了，也不要輕易停下腳步，
每天送給自己一個禮物，那就是自我激勵！
新的一天開始了，努力加油，
在磨練中去感受，那一份快樂與幸福，
心態調整好，遇到的一切都將是美好的。

★美好的一天，從堅持最後，就剩一里路了開始。

無論我們接受與否，新事物都在迅猛而又真實地走進我們的生活。

淘寶沒有一件貨，
卻整合了整個零售業；
銀聯沒有一家銀行，
卻整合了全部銀行。
很多事情，
或許我們會感到不可思議，
然而，無論我們接受與否，
新生事物都在迅猛而又真實地走進我們的生活，
同時改變著，我們固有的陳舊的觀念！

★美好的一天，從借力使力，整合資源，創新求變開始。

選擇相信。

遇到某個人，他打破你思維，
改變你的習慣，成就你的未來，我們稱之為貴人；
遇到一群人，他們會點燃你的激情，
覺醒你的自尊，支援你的全部，我們稱之為團隊；
遇到一件事，喚醒你的責任，
賦予你的使命，成就你的夢想，我們稱之為事業！
生命中的貴人，不一定是最好的朋友，
也不一定是朝夕相處的家人，
而是具有正能量的有眼光的人，
他給你一個全新的訊息，
也許就改寫了你人生的軌跡，只需要你選擇相信！
天雨雖大，不潤無根之草，
佛法雖寬，不度無緣之人！

★美好的一天，從感恩生命中遇見的每一段緣分開始。

有些事情，別人可以替你做，但無法替你感受。

該你走的路，要自己去走，
別人無法替代。
我們有一種天生的惰性，
總想著吃最少的苦，
走最少的彎路，
獲得最大的收益。
有些事情，別人可以替你做，但無法替你感受。
缺少了這一段心路歷程，你即使再成功，
精神的田地裡，依然是一片荒蕪。
成功的快樂，收穫的滿足，
不是奮鬥的終點，
而是拚搏的過程。

★美好的一天，從打天下靠自己，一分耕耘，一分收穫開始。

人生最美好的事莫過於：和一群志同道合的人，奔跑在夢想的路上。

交一個欣賞你的朋友，
即便在你窮困潦倒的時候，反而會更安慰你、鼓勵你；
交一個有正能量的朋友，
在你情緒低落的時候，陪伴你、鼓勵你；
交一個為你領路的朋友，
自願做你的墊腳石，帶你走過泥濘、撥開迷霧；
交一個肯指點你的朋友，
時刻提醒你、監督你，讓你時刻發現自己的不足。
人生最美好的事莫過於：
和一群志同道合的人，奔跑在夢想的路上。
回頭，有一路的故事。

★美好的一天，從財富不是永遠的朋友，朋友卻是永遠的財富開始。

風吹雨打知生活，苦盡甘來懂人生。

腳下的路，

沒人替你決定方向；

心中的傷，沒人替你擦去淚光；

經歷了流年聚散，體會了人情冷暖；

經歷了物是人非，學會了自我療傷！

有苦，自我釋放；有淚，欣然品嘗；

風吹雨打知生活，苦盡甘來懂人生！

其實人生，就是一種感受、一場歷練、一次懂得、一場賭博！

告訴自己：人，一定要靠自己！

★美好的一天，從人情冷暖，不假外求，成功靠自己開始。

待人有度，則親疏得宜；處事有度，則行止得體。

凡事貴有度。

有度，是君子之美德，生活之智慧，亦是和諧之要義。

言辭有度，則意達而融洽；進退有度，則圓潤而通達；

取捨有度，則心寬常樂；

待人有度，則親疏得宜；

處事有度，則行止得體。

萬事須有度，過則必有咎。

如果我們能在做任何事時掌握好尺度，

那麼就能在這個過程中鍛煉出——

獨立思考的冷靜頭腦，

穩定有序的縝密思維，

機敏靈活的反應能力。

久而久之，我們就會變成一個聰慧機智、充滿自信的人。

★美好的一天，從凡事貴有度，心寬常樂開始。

珍惜每一刻幸福的感受。

追求著幸福，渴望著幸福，
但真正能夠感受到幸福的人卻為數不多。
有的人認為，幸福在於物質精神等各個方面，難以奢求；
而有的人則認為，幸福就是口渴時的一杯清水，簡單而自然。
其實，幸福就像漂浮在空氣中的小小顆粒，
時刻包圍在我們身邊，
只有懂得發現與收集的人，
才能體會到它的甜美滋味。
知福的人才會感恩，
用感恩來款待你的朋友，
用寬容來對待你的對手。
正因為朋友熱心的幫助，你才度過了艱難的時刻；
正因蔑視你的冷眼，才喚醒了你的自尊！
★美好的一天，從有風雨的洗禮，才懂得陽光和彩虹的美麗開始。

莫羨星光，做自己的太陽。

試圖借助別人的光芒，照亮自己的人，終究都是徒勞的，
那就像夜晚的星星，當白晝來臨之時，便黯淡失去蹤影。
希望能借助別人的光芒，減少自己的努力和付出，
世間並沒有這樣，通向成功的捷徑，
他人的光環，你我借不走，也摘不掉。
莫羨星光，做自己的太陽。
默默地付出，百倍的努力，堅持，隱忍，
讓每一份努力，都轉換成自身的能量，
讓所有的能量聚合在一起，
聚沙成塔，厚積薄發。
最終讓自己成為太陽，
照亮自己，溫暖他人。

★美好的一天，從滴水穿石，十年功開始。

不要相信定局，只是在複雜中，還沒有找到更合適的解決方法。

最困難的時刻，
也許就是拐點的開始。
轉變一下思維方式，
就可能迎來轉機。
不要相信定局，
只是在複雜中還沒有，
找到更合適的解決方法。
樂觀豁達的人，
能把平凡的生活變得富有情趣，
能把苦難的日子變得甜美珍貴，
能把繁瑣的事情變得簡單可行，
你平常心看世界，
花開花謝都是風景。

★美好的一天，從活著就有機會，不要輕言放棄開始。

心的練習
第 255 天

真正的強者，不是沒有眼淚的人，而是含著眼淚，依然奔跑的人。

人生就是這樣，耐得住寂寞，才能守得住繁華。
每一個優秀的人，都有一段沉默的時光。
那一段時光，是付出了很多努力，
忍受孤獨和寂寞，不抱怨不訴苦，
日後說起時，連自己都能被感動日子，
最後你才知道許多事情，堅持堅持，就過來了。
一個人在外面，很不容易，
沒啥，拚得就是堅強。
真正的強者，不是沒有眼淚的人，
而是含著眼淚依然奔跑的人。

★美好的一天，從你若不堅強，懦弱給誰看開始。

執於一念，將受困於一念。

人生沉浮，如一盞茶水。
苦亦如茶，香亦如茶。
歲月匆匆，白駒過隙。
細想前塵的往事、青春的韶華，
雖被生活蕩滌的毫無色彩，
卻也殘香依然，一如這盞清茶。
經過了滾熱的水的澆灌，才能散發幽幽的芬芳。
當愁緒滿懷無處消遣時，一杯清茶，
一個獨處的角落，一段靜謐的時光，
是最好的消愁良藥。
茶香中，讓時光慢下來，
讓心靜下來，痛苦和憂愁隨杯中的茶水漸淺，
執於一念，將受困於一念。

★美好的一天，從一念放下，會自在於心間開始。

吃著五穀雜糧，釋放七情六欲；工作學習，盡心努力。

清洗披掛著銹蝕的思想，
在朗空清風中晾乾哀傷的往事，
在陽光下把七巧玲瓏心變得剔透晶瑩，
那你便擁有一個放鬆的心情，
過著簡單純淨的日子，
不被虛無所折磨。
記住一位哲人的忠告：
吃著五穀雜糧，釋放七情六慾；
工作學習，盡心努力；
戀愛交友，以情換情。
享受簡單輕鬆，現在就出發。

★美好的一天，從簡單生活，讓心輕盈開始。

人生除了起點與終點之外，剩下的就是過程。

我們的身體和心靈互為彼此的一部分，
只有身心合而為一，
才能為人生提供最強勁的動力和能量。
在高壓和緊張的生活中，
疲憊的不僅是我們的身體，還有心靈，
為你的心靈做一次全面的按摩吧，
舒緩僵硬、疲乏、緊張的心，
讓心靈變得輕盈、愉悅。
認識和接受真正的自己，
用最好的心態去面對當下的生活——屬於你的生活。
人生總有不如意，並不是每個期望中的結果都能實現，
但是，我們能夠在生命有限的過程中，盡量追求快樂。

★美好的一天，從享受和珍惜幸福，也能擁有一份圓滿。

活在當下，人生每天都是現場直播。

你是否常常為周密的計畫，趕不上突如其來的變化，
而手足無措心生煩惱？
其實，人生的每一天都是現場直播，
我們永遠也無法確定下一秒會發生什麼。
既然如此，不如保持一顆樂觀常態的心，
享受當下的真實。
河水是流動的，我們永遠不可能踏入同一條河兩次。
同樣，曾經的感情並不能代表所有的感情，
如果我們能夠放下過去的經驗，勇敢地面對當下，
我們就會發現，沒什麼過不去的。
如果我們能夠放下舊思想，直接面對現實世界，
全然地感受當下，
就會走出思維的禁錮，為人生注入新鮮的血液。
★美好的一天，從放下過去的苦痛，收穫今天的幸運開始。

能做什麼，靠的不是雙手，是智慧。

能走多久，靠的不是雙腳，是志向，
鴻鵠志在蒼宇，燕雀心繫簷下；
能登多高，靠的不是身軀，是意志，
強者遇挫越勇，弱者逢敗必傷；
能做什麼，靠的不是雙手，是智慧，
勤勞砥礪品性，思想創造未來；
能看多遠，靠的不是雙眼，是胸懷，
你裝得下世界，世界就會容得下你，
苦難養胸懷，挫折迫飛翔，
向著夢想出發，
就一定會夢想成真！

★美好的一天，從命由天定，運在人為開始。

對於小事要開心；對於大事要寬心。

人活的就是心境。
人生的許多變數，
取決於天、地、人，
三者的運轉變化，
天時地利人和三者俱佳，
則凡事自順。
人的一生，小事無數，你能計較多少？
人生的大事也只能盡人事，
以聽天命，常人豈能奈何？
為小事而常介懷，不值；
為大事而常悲戚，不該。
所以，對於小事要開心；對於大事要寬心。

★美好的一天，從緣隨份自在，心隨事自在開始。

學會放棄，學會遺忘。

人生的旅途中，我們終不能把所有的風景都盡收眼底，
不能讓所有的人，都在生命中永遠的駐留。
生活，讓我們學會了含著淚水邊走邊忘，
曾經再美，也會在時光中風乾成回憶，
學會放棄，學會遺忘，
讓心，像向日葵一樣依著陽光生長，
將心中歡喜的情懷，刻骨銘記；
將昨日無法釋懷的疼痛，飄逝風裡，
將美好的故事刻寫在時光裡；
在歲月裡精彩的演繹！
不忘初心的美麗。

★美好的一天，從相信，心若向陽，年華靜好，歲月無恙開始。

人生重在一個「給」字。你給了別人一份鼓勵，也就給自己一份溫暖。

人生重在一個「給」字。

你給了別人一份鼓勵，也就給自己一份溫暖；

你給了別人一份信心，也就給自己一份輕鬆；

你給了別人一份情義，也就給自己一份坦然；

你給了別人一份寬容，也就給自己一份從容；

你給了別人一片風景，也就給自己一份美麗；

給別人一抹溫馨微笑，也就給自己開心快樂；

你給別人留一個臺階，也就給自己留條退路。

給予乃是人生的一種境界。

★美好的一天，從手心向下不向上，給真正需要的人開始。

心的練習
第 264 天

幸福是自己的，永遠不要拿別人來做參照。

人生之路，
會歷盡風雨和霜雪，
會飽嘗艱辛和困難。
風雨能夠磨練你的性情，
霜雪會讓你變得從容坦然，
艱辛能夠磨練你的意志，
困難會讓你變得更加堅強。
不要生活在別人的影子裡，
不要工作在別人的眼色中，
很多時候我們是活給別人看的，
於是，我們給自己戴上了面具，
哪怕心裡很苦很累，
面具上鑲嵌的依舊是永恆的笑容；

其實，幸福是自己的，
永遠不要拿別人來做參照，
別人做不了你，
他怎麼知道你走過的路，
你心中的樂與苦，
腳長在自己身上，往前走就對了。

★美好的一天，從穿好自己的鞋，走好自己的路開始。

保留自我的稜角，又有接納他人的圓潤。

人活著，其實就是一種心態，
你若覺得快樂，幸福無處不在；
你為自己悲鳴，世界必將灰暗。
是非常有，不聽則無。
多行善，福必近；多為惡，禍難遠。
不奢求，心易安；不冒進，則身全。
心小不容螻蟻，胸闊能納百川。
禍福相依，順其自然。
一個人的成熟與否，
不是出口成章，說出許多深刻的道理，
或者是思想境界達到很高，
而是待人接物讓人舒適，並且不卑不亢，
保留自我的稜角，又有接納他人的圓潤。

★美好的一天，從順境淡然，逆境泰然開始。

信任是一杯水，一旦渾濁，無法清澈。

人活著，別欺騙別人。
謊言就是一把刀，
插在了信任你的人心上，
要多疼就有多疼！
信任是一杯水，
一旦渾濁，無法清澈。
信任是一面鏡子，
一旦破碎，難以黏合。
人若誠信，就會有人和你交心；
人若失信；誰都會對你死心。
不管愛情還是友情，
如果你丟了真心，忘了感恩，
失了誠信，你就什麼都不是！

★美好的一天，從「人」的標準：善良！誠信！感恩開始。

人生無論遇到什麼困難，世界上總會有路可走。

海到盡頭天作岸，山登絕頂我為峰。
這就是路給人的啟示和贈予。
我們沒有權利選擇生命的終歸，
卻有權利擁抱自己生活。
生活的希望一直都在路上，
堅信人生無論遇到什麼困難，
世界上總會有路可走。
這世上千萬條的路，承載的都是人生，放飛的都是希望，
只要你堅持走，只要你努力走，
有花開的地方都是驛站，
不管是有形的，還是無形的……
如果你相信命，那麼一切的偶然都是註定，
如果你不相信命，那麼一切的註定都是偶然。

★美好的一天，從人生得意時，記得看淡；人生失意時，記得隨緣開始。

人生的痛苦，一部分在於自己的缺憾，一部分在於看不慣別人。

人生，因為有殘缺，所以修行。
真正修行的人，從不會去看別人的過失與缺點。
盯著別人的過失與缺點不放，就是自己的一個缺點。
人生的痛苦，
一部分在於自己的缺憾，一部分在於看不慣別人。
不觀他人過失，別人犯了錯，
如果我們揪住不放，甚至經常拿來說事，
那麼這就成了你的錯。
而在適當的時機選擇寬容原諒，
這就是你的德。
格局遠大的人懂得寬容別人，
反而專注尋找、改正自己的過錯。
格局狹隘的人卻只會盯住別人的錯誤不放。

★美好的一天，從寬容別人，低調自己，看人優點開始。

你有了價值，才有人脈，才有錢脈。

什麼是「無效社交」？

你跑到，一個聚會上，跟一群陌生的人噓寒問暖，

全程笑臉相迎，滿屋子客套話，

互相絮絮叨叨敬酒、掃 line、掃微信、留電話號碼，

但是三天之後，就記不清對方是誰，

仔細想一下我們的時間和精力，

大部分都被這種「無效社交」佔用了，

所謂「人脈就是錢脈」，是當今最大的謊言，

現在每個人都是很現實的，

都只想認識一個對自己有用的人，

想想你在成功人士面前，

自我介紹時那種沒底氣的樣子，

別人不會把你放心上的。

★美好的一天，從認清自我，是你有了價值，才有人脈開始。

每一種創傷，都是一種成熟。

沒有人會理會你的委屈！
沒有人會了解你的無奈！
當一切既定成為事實的時侯，
要學會接受，接受現實，接受所有的不公平……
當有人背信棄義的時候，你的指責能去改變它嗎？
不能？那麼就接受吧！把它當作是一種教訓。
當有人欺騙你的時候，
你的揭露，可以讓欺騙的事實推翻嗎？
當有人在你背後說三道四的時候，
你的爭辯能洗清這惡意的中傷嗎？
不能？那就學會接受吧！
勇敢的接受這殘酷的現實，
其實每一種創傷，都是一種成熟。

★美好的一天，從來是偶然，走是必然的，隨緣存活，歡喜就好開始。

人是活給自己的，別奢望人人都懂你，別要求事事都如意。

人活著，沒必要凡事都爭個明白，
跟家人爭，爭贏了，親情沒了；
跟愛人爭，爭贏了，感情淡了；
跟朋友爭，爭贏了，情義沒了。
爭的是理，輸的是情，傷的是自己，
黑是黑，白是白，讓時間去證明。
放下自己的固執己見，寬心做人，
捨得做事，贏的是整個人生；
多一份平和，多一點溫暖，生活才有陽光。
人是活給自己的，
別奢望人人都懂你，
別要求事事都如意。

苦累中，懂得安慰自己。
沒人心疼，也要堅強；
沒人鼓掌，也要飛翔；
沒人欣賞，也要芬芳。
忙時，偷偷閒，別丟了健康；
累時，停停手，別丟了快樂。
★美好的一天，從只要心中有家，就有快樂開始。

你要打拳，必先收拳；你要得到，必先給予。

得饒人處且饒人。

顧及別人的自尊，人情留一線，日後好見面。

有些人，一生都沒給過別人掌聲，

每個人，都需要來自他人的掌聲，

為他人喝彩，是每個人的責任，

不懂鼓掌的人生太狹隘，

不給面子，是最大的無禮，

中國人最講究的是面子，

任何時候，給對方一個體面的臺階，

看破，別說破，面子上好過，

傷什麼都行，別傷人面子，千萬不要揭人老底。

生性多疑的人，不可能有真朋友，

有多少信任，就有多少成功的機會，

與人方便，自己方便，請主動坐裡座，

在他人最需要的時候輕輕扶一把。

★美好的一天，從你要打拳，必先收拳；你要得到，必先給予開始。

人在旅途，肯陪你一程的人很多，能陪你一生的人卻很少。

人在旅途，肯陪你一程的人很多，
能陪你一生的人卻很少，
誰在默默的等待，誰又從未走遠？誰能為你一直都在？
在乎你的；是否善待？你在乎的，是否存在？
感情中最難得的，是始終如一的關愛！
能一直陪你到最後的，才是最長情的告白。
不要忽視身邊看似平凡的擁有，
更不要等到失去了，才知道什麼是懷念！
水深而無聲，情真而無語，
無聲無息的陪伴，
值得用一生去善待，去信賴。

★美好的一天，從感恩我生命中，所有默默關心與支援我的人開始。

不必向別人證明些什麼，生活得更好，是為了自己。

信任就是一把刀，你給了別人，他就有兩個選擇，捅你或者保護你。

看清一個人何必去揭穿；

討厭一個人又何必去翻臉。

活著，總有看不慣的人，就如別人看不慣我們。

若無其事，原來是最好的報復。

何必向不值得的人證明什麼，

生活得更好，是為了自己。

和快樂的人在一起，嘴角就常帶微笑；

和進取的人在一起，行動就不會落後；

和大方的人在一起，處事就不小氣；

和睿智的人在一起，遇事就不迷茫；

借人之智，完善自己。

★美好的一天，從學最好的別人，做最好的自己結交益友開始。

不要因為一些瑕疵，而放棄一段堅持。

如果可以哭，我也不想忍，
如果可以自私，我也不想退讓；
如果可以懦弱，我也不想堅強；
如果可以放手，我也不想繼續執著，
但遺憾的是：人生沒有如果。
當你很累很累的時候，閉上眼睛深呼吸，
告訴自己你應該堅持得住，
不要這麼輕易地否定自己，
在一切變好之前你必定會，
經歷一些不開心的事情，
不要因為一些瑕疵，而放棄一段堅持，
活著不是靠淚水博得同情，而是靠汗水贏得掌聲，
世界上最幸福的事之一，就是有能力去過自己想要的生活。

★美好的一天，從成功前必有逆境，淚灑必歡呼收割開始。

越是有故事的人，越沉靜簡單。

告誡自己：

越是有故事的人，越沉靜簡單；

越膚淺單薄的人，越浮躁不安。

強者，不是沒有眼淚，

而是含著眼淚依然奔跑。

人最先衰老的，不是容貌，

而是那份不顧一切的闖勁。

有時候，要敢於背上，超出自己預料的包袱，

經歷一段努力後，發現自己比想像得優秀很多。

成功的人，一般不是才華橫溢的人，

而是，最能以親切和藹的態度，給人以好感的人。

看遠，看淡，看透。

離塵囂遠一點，離自然近一點。

★美好的一天，從我願這顆心，寧靜如大海開始。

生活中的美景，知道珍惜，才會在任何時候，感受擁有的可貴。

人生是一次沒有回程的旅行，
無論是否捨得都握不住漸瘦的流年，
儘管歲月無情，但依然可以，
在簡單平淡中發現精彩，
心中有愛，看世界的眼睛才會純淨，
平和淡定，得失面前才能坦然面對，
懂得感恩才能時時發現，
生活中的美景，知道珍惜，
才會在任何時候，感受擁有的可貴。
不管昨天發生了什麼，
不管昨天的自己有多難堪，
有多無奈，有多苦澀，都過去了，

不會再來，也無法更改。
就讓昨天把所有的苦、所有的累，
所有的痛遠遠地帶走吧，
今天，我們要收拾好心情重新上路，
從平淡的生活中咀嚼出充實與知足，
從繁忙的工作中尋求到快樂與精彩。

★美好的一天，從珍惜而擁有，努力而收穫，感恩而幸福開始。

多一些欣賞和鼓勵，少一些指責和批評。

善待他人的意義，要原諒，
每個人生活的都不容易，
不要輕易指責別人，
有時我們沒有足夠的智慧，
去真正瞭解別人生活裡的，
喜怒哀樂，酸甜苦辣。
所處的環境不同，所在的角度不同，
每個人感受不同。
對人對事多一些欣賞和鼓勵，
不要一味的隨意去指責批評，
否則會給別人帶來傷害，
而一旦傷害了別人，
自己也會丟失內心的安寧。

用你的笑容去改變世界，
別讓世界改變了你的笑容。
用真誠的心靈去欣賞別人，
以拚搏的行動去做好自己。

★美好的一天，從勸人為善，與人為善開始。

話講出去，就收不回來了。

很多人一輩子受苦，就是語言，
大家想像一下，做人做得好，
一個人能夠方圓做人，圓滿做事，
用慈悲心待人，這個人才會受到別人的尊敬，
我們做人要懂得謙讓，不要爭面子，
有時候人情、人心就是學問，
處事圓融的人懂得謹言慎行。
因為有時候語言講出去，
就收不回來了，不要去爭，
人間天下的事情要修定，
你說我糊塗，其實我不傻，這個世界上沒有人傻的，
讓別人感覺到自己傻，實際上這是一個聰明人。

★美好的一天，從謹言低調，大智若愚，笑看人生開始。

活好自己一生，走好每一步腳印。

人的一生，註定要經歷很多，
一段路上，朗朗的笑聲；
一段路上，委屈的淚水；
一段路上，懵懂的堅持；
一段路上，茫然的取捨；
一段路上，成功的自信；
一段路上，失敗的警醒……

每一段經歷註定珍貴，它必將令你憶起智慧，
生命的豐盈在於心的慈悲，
生活的美好緣於心的智慧，
踏踏實實做事，簡簡單單做人，
有的人本來該幸福，卻看起來很煩惱，
有的人本來該煩惱，卻看起來很幸福。

★美好的一天，從讓身心安穩，活好自己一生，走好每一步腳印開始。

如果我們都能獻出一點愛，世界就能變成美好的人間。

如果我們種植一棵忘憂草，
就能收穫一個開心果；
如果我們擦拭混沌的雙眸，
就能發現常青的生命之樹；
如果我們墾耕生命的田園，
就能擁有潔心的花園；
如果我們摒棄塵世中的生活噪音，
就能聆聽心靈的歌唱；
如果我們在嚴寒中不停止生命的腳步，
就能嗅到足上的春香；
如果我們都能獻出一點愛，
世界就能變成美好的人間。

★美好的一天，從開墾生命的花園，種下長青的種子開始。

世界上的萬物是相互連結的，你使它快樂，它也會使你快樂。

世界上的萬物是相互連結的，
生命的整體也是相互依存的，
你使它快樂，它也會使你快樂。
讓一朵鮮花快樂，就別隨意折損它，
它必定會在你煩惱時，送一束醉人的溫馨；
讓一棵小草快樂，就別隨意踐踏它，
它定會在你滿眼枯黃，時送來一抹跳動的鮮綠；
讓一塊土地快樂，就別隨意侵佔它，
它定會在你饑餓時，獻上一縷稻麥的芳香；
讓一處山水快樂，就別把怨氣隨意發洩到它身上，
它定會在你煩躁而出門散心時，送來一道宜人的風景。

★美好的一天，從珍惜萬物，生生不息開始。

人脈不是追求來的，而是吸引來的。

只有優秀的人，才能得到有用的社交。
如果你不夠優秀，人脈是不值錢的。
人脈不是追求來的，而是吸引來的。
不是說你認識多少大人物，認識多少大明星，
就什麼事情都可以搞定，
關鍵是你在這些大人物大明星，眼中值多少錢，
在他們的心中又有多少地位，
市場經濟告訴我們，很多時候都是等價的交換，
只有你足夠優秀，才能得到合理的說明。
所以，在你還沒有足夠強，足夠優秀時，
先別花太多寶貴的時間去社交，
請多花點時間讀書，提高自己的專業技能，
放棄那些無用的社交，提升自身素質，你的世界才能更大！

★美好的一天，從認清自己，面對社會事實，練好內功開始。

不問春暖花開，只求快樂面對。

一生輾轉千萬里，
莫問成敗重幾許，
得之坦然，失之淡然，
揚帆遠航，
把握最真實的自己，
才會更深刻地解讀自己……
面向太陽吧，
不問春暖花開，
只求快樂面對，
因為，透過灑滿陽光的玻璃窗，
驀然回首，你何嘗不是別人眼中的風景，
生活就是一個磨練的過程，
如果沒有酸甜苦辣，永遠都不會成熟。

★美好的一天，從在陽光下燦爛，風雨中奔跑開始。

當你決定聚焦做好一件事情的時候，就會不斷的增加自己的能量。

導航再好，給的是方向，代替不了車。
導師再好，給的是引領，代替不了你自己。
平臺再好，給的是機會，
你不好好利用，也是白白浪費，
腳下的路，要你自己走；
心中的夢，沒人替你圓。
機會是給有膽，有識，有眼光，
有緣，有福的人準備的！
當你決定聚焦做好一件事情的時候，
就會不斷的增加自己的能量，
當你的能量累積到一定程度的時候，
你的光芒足以照亮整個世界。

★美好的一天，從沒有等來的輝煌，只有拚來的精彩開始。

生活就像翹翹板，不是上便是下。

一個雞蛋放進水裡煮熟時，
外殼似乎沒什麼變化，
但內在卻從「軟」弱，變得堅「硬」，
不再害怕外在的打擊。
同樣，我們通過學習，
外表似乎沒什麼改變，
但內心的強大，已不可同日而語，
這時候，無論出現何種煎熬、折磨，
都會轉化為讓自己成熟的動力，
在人生的道路上，碰到艱難困苦是必然的過程，
生活就像翹翹板，不是上便是下，
重要的是我們能不能在煩惱、失敗中，
吸取經驗，增長見識，不斷地嘗試，積極開拓自己的人生。

★美好的一天，從不經一番寒徹骨，怎得梅花撲鼻香開始。

在逆境中尋求希望，在悲觀中尋求快樂。

學會知而不言，因為言多必失，
學會自我解脫，因為這樣才能自我超越；
學會一個人靜靜思考，因為這樣才能讓自己更清醒、明白；
學會用心看世界，因為這樣才會看清人的本初，
別後悔，誰都會做錯事。
世界上沒有永遠不犯錯誤的人，
錯了，不要浪費時間後悔。
用過去的錯誤懲罰自己，
是比損失更大的損失，
比錯誤更大的錯誤。
每一種創傷都是一種成熟，
從錯誤中吸取教訓，
繼續前行，比什麼都重要。

★美好的一天，從在逆境中尋求希望，在悲觀中尋求快樂開始。

哭過了，增一分沉靜；笑過了，增一分豁達。

世上，沒有走不通的路，只有想不通的人。
無數的歷練之後，慢慢懂得，
花開必有花落，
月圓也會有月缺，
雲聚必有雲散，
日出也會有日落。
痛過了，增一份從容，
傻過了，增一分智慧，
哭過了，增一分沉靜，
笑過了，增一分豁達。
心無雜念，慈悲為懷，
走過了，就過了，
陽光這麼好，眼光放遠了，心路就寬了。
★美好的一天，從捨得，放下，離開，不我執心更寬廣開始。

當我們用心去暖棉被的時候，棉被也會給我們溫暖。

「棉被放在床上一直冰的，可是人一躺進去就變得暖和了，
你說是棉被把人暖和了，還是人把棉被暖和了？」

在這個世界上，
我們都生活在「棉被」裡，
別人就是我們的棉被，
當我們用心去暖棉被的時候，
棉被也會給我們溫暖。
生命是一種回聲。
你把最好的給予別人，
就會從別人那裡獲得最好的，
你説明的人越多，
你得到的也越多。
你越吝嗇，就越一無所有。

★美好的一天，從心存寬容，你的人生因為寬容而改變開始。

無論發生什麼事，都別忘了自己的本心。

人這一輩子，

有些事是出乎意料的，
有些事是情理之中的，
有些事是難以控制的，
有些事是不盡人意的，
有些事是不合邏輯的，
有些事是恍然大悟的，

但無論發生什麼事，

都別忘了，自己的本心，還有自己的原則。

不管多遠的路，都能走到盡頭；
不論多深的痛苦，也會有結束的一天。
背負明天的希望，只要不放棄，就沒有什麼能讓自己退縮，
只要夠堅強，就沒有什麼能把自己打垮！

★美好的一天，從不忘初衷，不畏堅難，日久識人心開始。

輸在猶豫，贏在行動。

不想認命，就去拚命，我始終相信，
有付出就會有收穫，
或大或小，或遲或早，
終究不會辜負你的努力，
不要只是羨慕別人的成功，而自己卻不敢開始，
為了理想，全力以赴，敢於做別人不敢做的事，
才可以擁有別人不能擁有的財富！
不要在乎身邊的閒言碎語，
因為未來是自己的！
不是能不能，而是要不要，
給自己一個完美的交代，
想：都是問題！
做：才是答案！

★美好的一天，從輸在猶豫，贏在行動開始。

學會換位，人生才有和諧，知道感恩，歲月才有溫暖。

欣賞別人是一種境界，
善待別人是一種胸懷，
理解別人是一種涵養，
學習別人是一種智慧，
包容別人是一種能力，
讚美別人是一種快樂，
心懷善念，能利人；
心懷感恩，能利己。
學會換位，人生才有和諧，知道感恩，歲月才有溫暖。
活著，就是一場修行，
真正的修行，不在一張能言的嘴上，而在一顆向善的心裡。
人生之光，是一顆寬容的心；
歲月之好，是一份隨緣的愛。
★美好的一天，從厚德載物，方能德行天下開始。

心的練習

第 293 天

生活，就是把你生吞活剝，讓你脫胎換骨，再塑造一個更強大的自我！

生活就是，

讓你把苦水吞進去，

把淚水憋回去，

把汗水抹下去，

教會你如何做人，怎樣處事，

是你最嚴厲最殘酷的老師。

教會你從為一點小事矯情，

到學會了冷靜，臨危不亂，

讓你懂得了什麼叫不值得，

從淚水漣漣四處渴望同情，

到懂得了安靜，堅強無比，

讓你懂得了什麼叫沉默。

從執著到放下，從等待到離開，
從盼望到失望，從受傷到堅強，
這一路的踉蹌，一路的成長，
這一次的痛苦，一次的領悟，
讓你終於明白：
生活，就是把你生吞活剝，
讓你脫胎換骨，
再塑造一個更強大的自我！

★美好的一天，從愈挫愈勇，經萬事，長萬智開始。

世上之事，就是這樣，該來的自然會來，不該來的盼也無用，求也無益。

被人誤解的時候能微微一笑，
受委屈的時候能坦然一笑，
吃虧的時候能開心一笑，
無奈的時候能達觀一笑，
危難的時候能泰然一笑，
被輕蔑的時候能平靜一笑。

嘴上不饒人的人心腸一般都軟，
心裡不饒人的人，嘴上會說好聽的話；
所以，自古以來則是，好人心善，壞人嘴善。
有緣而來，無緣而去；世上之事，就是這樣，
該來的自然會來，不該來的盼也無用，求也無益，
一切隨緣，順其自然。

人世間的事情，勉強終歸不能如意，強求勢必不會甜蜜。

★美好的一天，從盡心盡力做好自己，努力無悔，盡心無憾開始。

心的練習

第 295 天

每一次創傷都是一種成熟，每一次失去都是一種獲得。

每一次創傷都是一種成熟，
每一次失去都是一種獲得。
若是先甜後苦，總會讓後面的苦顯得更苦。
若是先苦後甜，總會讓後面的甜顯得更甜。
面對聰明人，
除非你比他聰明，
否則，以誠相見，
才是解決問題的最好途徑。
世界上總有一半的人，
不理解另一半人的快樂。
幸福來自於一顆踏實安靜的心：
沒有上下不定的憂慮，

沒有左右為難的恍惑，
沒有瞻前顧後的算計，
沒有患得患失的猶疑，
沒有擔驚受怕的恐懼，
沒有低聲下氣的巴結，
頂天立地，正氣浩然，
安穩篤定，從容淡然。
不動如山，寬廣如海，
堅如金石，和如春風。

★美好的一天，從赤子之心，光明遠大開始。

人生是沒有固定答案的。

你看不慣別人的缺失，無法容忍錯誤。
但若不是他的錯，又怎麼顯出你的好？
你抱怨工作難做、家庭責任繁重，
但如果不是這些難纏的事，又怎能證明你的能力？
人們常問：幸福近在咫尺，為什麼遠在天邊？
因為我們追尋我們得不到的，我們得到的是我們不追尋的。
如果我們總追求得不到的，又怎麼感受到幸福？
「一切幸福，並非都沒有煩惱；
一切逆境，也絕非都沒有希望。」
人生是沒有固定答案的。
每個獲得都必須付出一定代價，
每個失去也必定有所獲得。
有時這條路行不通，轉個彎就是幸福。

所以，我們無須事事順心才能快樂。

想獲得圓滿人生，就要放下你最執著的那件事。

★美好的一天，從　來之，則安之，無畏無懼開始。

玫瑰與刺，就像快樂與痛苦，是不可分的，你不能只選擇其一。

人想追求快樂，正是痛苦的原因。

因為痛苦與快樂都是人生的一部份，

你怎麼能只要快樂而不要痛苦？

你說，這山峰很美，你可以只要山峰而不要山谷嗎？

你見過只有山峰而沒有山谷的山嗎？

你說，這朵玫瑰真美，但你不喜歡它身上的刺，

然而如果把刺都去掉，這朵玫瑰還會存在嗎？

玫瑰與刺，就像快樂與痛苦，是不可分的，

你不能只選擇其一。

有山峰就會有山谷，有高度就會有深度。

快樂如果是高度，那麼苦痛就是它的深度。

人生少了苦，就體驗不出甜美的滋味。

★美好的一天，從順勢而為，隨遇而安開始。

生活是季節，不論春夏秋冬，只要適合的心情，就是最好的。

生活是開水，
不論冷熱，只要適合的溫度，
生活是口味，
不論酸甜苦辣，
只要適合的口感，就是最好的，
生活是旋律，不論快慢，
只要適合的聽覺，就是最好，
生活是季節，不論春夏秋冬，
只要適合的心情，就是最好的，
每個人的生活，都是實實在在的，
不甘寂寞也好，甘於寂寞也罷
生活，只要適合自己，
就是幸福你的生活，由你自己把握！

★美好的一天，從春夏秋冬，把握自己節奏，歡喜就好開始。

相信你就做，不信你就看。

相信你就做，不信你就看！
讓觀望的繼續觀望，讓賺錢的繼續賺！
人生最大的運氣，
不是撿錢，也不是中獎，
而是有人可以帶你走向更高的平臺。
其實限制人們發展的，不是智商學歷，
是你所處的生活圈子、工作圈子。
所謂的貴人：就是開拓你的眼界，帶你進入新的世界。
明天是否輝煌，取決於你今天的選擇！

★美好的一天，從友直，友諒，友多聞開始。

太陽不會因你的失意，明天不再升起；月亮不會因你的抱怨，今晚不再降落。

先學會讓自己值錢！
沒有哪個行業錢是好賺的！
賺不到錢賺知識！
賺不到知識賺經驗！
賺不到經驗賺歷練！
能賺到以上任何一點，就不可能不賺錢了！
太陽不會因你的失意，明天不再升起，
月亮不會因你的抱怨，今晚不再降落，
矇住自己的眼睛，不等於世界就漆黑一團，
矇住別人的眼睛，不等於光明就屬於自己，
只有想不到的人，沒有做不到的事，
想幹總會有辦法，不想幹總會有理由。

★美好的一天，從努力創造被利用的價值開始。

畢竟不是所有的是非都能條列清楚，甚至可能根本沒有真正的是與非。

有時候，你被人誤解，
不想爭辯，所以選擇沉默。
本來就不是所有的人都得了解你，
因此你認為不必對全世界喊話。
但有時候，你被最愛的人誤解，
你難過到不想爭辯，也只有選擇沉默。
全世界都可以不懂你，但他應該懂，
若他竟然不能懂，還有什麼話可說？
生命中往往有連舒伯特都無言以對的時刻，
畢竟不是所有的是非都能條列清楚，
甚至可能根本沒有真正的是與非。
那麼，不想說話，就不說吧，

在多說無益的時候，也許沉默就是最好的解釋。

★美好的一天，從雄辯是銀，沈默是金開始。

不把自己看得太重，是一種修養，一種風度，一種境界。

別把自己太當一回事，
在匆匆人生行程中，你只不過是一個過客，
在人類歷史長河中，甚至還比不上一粒砂石的分量，
不把自己看得太重，是一種修養，一種風度，
一種高尚的境界，一種達觀的處世姿態，
是心態上的一種成熟，
是心智上的一種淡泊，
用這種心態做人，可以使自己更健康，更大度；
用這種心態做事，可以使生活更輕鬆，更踏實；
用這種心態處世，可以讓身邊的人更喜歡與你相處。
千江有水千江月，萬里無雲萬里天。

★美好的一天，從放下自己，海納百川開始。

勞動身體的同時，你也擦亮了自己的心緒。

和別人發生意見上的紛歧，
甚至造成言語上的衝突，
讓你悶悶不樂，因為你覺得都是別人惡意。
別再耿耿於懷了，回家去擦地板吧。
拎一塊抹布，彎下腰，雙膝著地，
把你面前這張地板的每個角落來回擦拭乾淨。
然後重新省思自己在那場衝突，所說過的每一句話。
現在，你發現自己其實也有不對的地方了，
是不是漸漸心平氣和了，
是不是有時候你必須學習彎腰，
因為這個動作可以讓你謙卑。
勞動身體的同時，你也擦亮了自己的心緒。
有時候心沉澱下來，是不是看事情較鮮明。

★美好的一天，從學會彎腰，謙卑自省開始。

你怨或不怨，生活一樣；你愁或不愁，人生不變。

一生很短，沒必要和生活過於計較，
有些事弄不懂，就不去懂；
有些人猜不透，就不去猜；
有些道理想不通，就不去想。
把不愉快的過往，在無人的角落，折疊收藏。
告訴自己；
我可以不完美，但一定要真實；
我可以不富有，但一定要快樂！
生活，不會因你抱怨而改變；
人生，不會因你惆悵而變化。
你怨或不怨，生活一樣；
你愁或不愁，人生不變。
抱怨多了，愁的是自己，

惆悵多了，苦的還是自己。

為人，哪能事事如意，樣樣順心；

做事，哪能件件圓滿，樣樣無憾。

人生在世，快樂是一生，

憂愁也一世，何不看開？

★美好的一天，從打包惆悵抱怨，真實快樂一生開始。

生命是一場無法回放的絕版電影，唯一能回去的，只是存於心底的記憶。

生命是一場無法回放的絕版電影，
有些事，不管你如何努力，回不去就是回不去了，
就算真的回去了，你也會發現，一切已經面目全非。
唯一能回去的，只是存於心底的記憶。
世界上最遠的距離，不是愛，不是恨，
而是熟悉的人，漸漸變得陌生。
優雅的人生，是一顆平靜的心，
一個平和的心態，一種平淡的活法，
滋養出來的從容和恬淡。
人生的風景，說到最後，是心靈的風景。
心若急了，神馳，意亂，景衰，
一輩子無論走多遠，也都沒什麼韻致可言。

★美好的一天，從心不急，凡事就順心開始。

恨，煩，焦慮，難過都是別人帶來的，可時間是你的。

不忘掉恩人，不計較小人！

花時間去討厭自己討厭的人，你就少了時間去愛自己喜歡的人。

花時間去計較讓你不爽的事情，你就少了時間去體驗讓你爽的事情。

恨，煩，焦慮，難過都是別人帶來的，可時間是你的。

節約自己的時間比一切都重要。

不是每個擦肩而過的人都會相識，

也不是每個相識的人都讓人牽掛。

我們在今生，在那個地方，

在一轉身時，你說過我出現在錯的時間裡，

但是都忘不了那份真摯的情，

每一種創傷都是一種成熟，

它使人思索，堅強，使人更懂珍惜。

如果一個人沒有品過苦，就難以生出慈悲心。

★美好的一天，從不忘恩不計較，品苦生慈悲心開始。

心的練習
第307天

幸福不是你存了多少錢，而是每天身心自由，做喜歡事。

你窮，有人跟著你；
你病，有人照顧你；
你冷，有人抱著你；
你哭，有人安慰你；
你老，有人伴著你；
你錯，有人包容你；
你累，有人心疼你；
這就是幸福！
幸福不是你左右多少人，
而是多少人在你左右；
幸福不是你開多豪華的車，
而是你開著車平安到家；

幸福不是你存了多少錢，
而是每天身心自由，做喜歡事！
幸福不是你的愛人，多帥多漂亮，
而是你愛的人，笑容多燦爛，
幸福不是吃好，穿好，開名車，
而是沒病，沒災，沒煩惱，
幸福不是週遭好話篇篇，
而是你落寞，流淚，有人對你說：沒事，有我在。

★美好的一天，從看你有的，幸福在身邊開始。

每個人都有自己的活法。

有些情，沒了就沒了，終歸無法再繼續；
有些人，遠了就遠了，其實原本就不屬於自己。
這個世界上，誰也不是誰的永遠，
時光，在寂冷中淡漠，
人事，在無常中聚散。
這世上，哪有真正不被更改的諾言，
縱是山和水，天與地之間，
也會有相看兩厭，心生疲倦的一天。
生活就是一壺瑣碎，盛進歡喜，倒出憂傷。
在時光裡相守，在困苦間相牽，在老去中相望。
每個人都有自己的活法，活著，說簡單其實很簡單，
笑看得失才會海闊天空；
心有透明才會春暖花開。

★美好的一天，從別為難自己，想開，看開，放開，開始。

我們最初的那份單純，是人生裡最珍貴的東西。

人生是場荒蕪的旅行，每個人都在成長，
我們會遇到許多誘惑，受到很多傷害，
見到很多匪夷所思的人和事情。
真的，我們都會碰到許多惡人、自私和爭執。
但不管怎樣，你要記住，千萬不要讓這一切改變了你的本心。
因為我們最初的那份單純，才是人生裡最珍貴的東西。
不改初心，你才一直是你。
人們傷心，不是因為愛結束了，
而是因為當一切都結束了，愛還在……
智者懂得隱忍，原諒周圍的那些人，在寬容中壯大自己！
★美好的一天，從冷暖自知，苦樂在心，不忘初衷，壯大自己開始。♥

世上的一切，我們只能享有，不可能擁有，何必一定要佔有？

在世上擁有的越多，煩惱就越多。
有一棟房子，有一個煩惱，
擁有兩棟，煩惱加倍。
財產越多，
留給家族子孫的煩惱就越大。
世上的一切，我們只能享有，
不可能擁有，何必一定要佔有？
常常提醒自己，
放下對世界的慾求，
放下心中的掛念，
卸下對人的恩怨，
輕鬆的面對人生。

★美好的一天，從釐清想要，需要，必要，到無欲則剛開始。

忍受一切，為夢想奔跑。

有人喜歡說：等你成功了，我就跟你幹活。

你可知道：當我成功了，你和我的距離已經很遙遠了。

雪中送炭的時候你在看；抱困取暖的時候你在躲；

同舟共濟的時候你不出力；錦上添花的時候，我不缺人，

悲哀的人：拿自己的時間，來見證別人夢想成真；

可憐的人：自己不敢嘗試還在嘲笑別人為夢想而奔跑。

★美好的一天，從忍受一切，為夢想奔跑開始。

這個世界很公平，你想要比別人強，你就必須去做別人不想做的事。

成功就是一個過程，誰能熬得住，誰就能成功。

如果你想要現在舒服，那麼就去睡覺去玩耍去發呆；

如果你想要將來舒服，那麼就去努力去奮鬥去吃苦。

這個世界很公平，

你想要比別人強，你就必須去做別人不想做的事。

你想要更好地生活，那麼你就必須去承受更多的困難。

不吃拚搏的苦，就會吃生活的苦。

沒有等來的成功，別輕易放棄夢想，

別在最能吃苦的年紀選擇了安逸！

為夢想奮鬥，選好一條適合自己的路，然後堅持直到成功！

★美好的一天，從選好路為夢想奮鬥，堅持到底開始。

忘記你所失去的，珍惜你所擁有的。

因為有了因為，所以有了所以，
既然已成既然，何必再說何必？
忘記你所失去的，珍惜你所擁有的，
未來的命運會怎樣，全在於今天的努力。
誰都不能苛責，一個努力的生命。
不管是怎樣的人生，只要自己盡了，最大的努力，
就該無怨無悔，就無需「假如」或再「我以為」……

★美好的一天，從絕不千金難買早知道開始。

內心的溫度決定人生的高度，在堅硬的世界裏，與自己的內心溫暖相依。

如今，我們的物質生活變得越來越豐富，
但是那些生命中最本質的東西，
比如情緒、情感、親密關係、
信任、安全感、健康等問題，
卻依然使我們感到困惑，
焦慮和壓力更是與日俱增。
內心的溫度決定人生的高度，
在堅硬的世界裏，
與自己的內心溫暖相依，
心不溫暖，生活怎麼會愛上你？
心不柔軟，愛情怎麼會找上你？
心不強大，成功怎麼會傍上你？
心有了信仰和方向，生命才有定力和奇蹟。

★美好的一天，從接納自己，欣賞生命開始。

成功不是打敗敵人，而是戰勝自己。

向冤家與對手致謝，
成功不是打敗敵人，
而是戰勝自己；
成功不是把對手當攻擊的目標，
而是當做警醒的對象，
因為最瞭解你的人往往是敵人。
與你角逐的人會給你帶來傷痛，
但也會使你的筋骨更加強健，
當你像你最大的敵人一樣認識自己，
你將更加強大。
那些給你機會成長的冤家與對手，
能激發你的潛能，能幫你成長，
如果用成就來反擊，就是最好的「復仇」。

★美好的一天，從尊敬你的對手，感激你的敵人，成就最好的自己開始。

真正的快樂不僅僅是一個目標的達成，而是那份努力背後成長的心。

真正的快樂不僅僅是一個目標的達成，
而是那份努力背後成長的心。
成功不是追逐一個目標，
而是通過努力贏得信心、
責任、擔當和勇氣！
拚搏的人生，才會獲得永久的快樂和持續的幸福！
自已做自己的主人，
活出自由自在的人生：
身體自主——健康；
情緒自主——快樂。

★美好的一天，從快樂，情緒操之在我開始。

不爭就是慈悲，不辯就是智慧，不聞就是清淨，不看就是自在。

愛佔便宜的人，終究占不了便宜。
撿到一棵草，失去一片森林。
心眼小的人，天地大不了。
心裡只有自家的事，其他的事，慢慢也就與他無關。
只有惜緣才能續緣。
一定要善待身邊的親人，關心身邊的朋友，
寬恕那些傷害你的人。
也許，這就是因果。
心中無缺叫富，被人需要叫貴。
快樂不是一種性格，而是一種能力。
笑看風雲淡，坐看雲起時，
不爭就是慈悲，不辯就是智慧，
不聞就是清淨，不看就是自在，原諒就是解脫。

★美好的一天，從坐看雲起，清淨自在開始。

心的練習 第 318 天

不要老得太快，卻明白得太遲。

一個人，就算再留念，
如果你抓不住，就要適時放手，
久了你會神傷，會心碎。
任何事，任何人，都會成為過去，
不要跟它過不去，無論多難，
我們都要學會抽身而退。
現在過的每一天，
都是餘生中最年輕的一天。
請不要老得太快，卻明白得太遲。
很多錯誤不必親自試驗，
在別人的經歷中吸取營養也是一種智慧。
人生，別上錯了車！

★美好的一天，從把握今朝，懂得放手，該斷就斷開始。

只要自己努力過、爭取過，其實結果已經不重要了。

人活在世上不可能事事盡如人意，
遇到困難和煩心的事情，
聽聽別人的奉勸，也有好處；
但是，化解心裡的矛盾主要還是得靠自己，
心煩時不妨想想凡事別勉強這句話，
或許對調整心態有所幫助。
生活中有許多事，
可能你經過再多的努力都無法達到，
因為一個人的能力必定有限，要受各種條件的限制，
只要自己努力過、爭取過，
其實結果已經不重要了。

★美好的一天，從別勉強，順其自然就好開始。

有人惦記，再遠的路，也是近的；有人掛念，再淡的水，也是甜的。

有人惦記，就是幸福，
有多少人，從無話不談到無話可談；
有多少緣，從一朝相逢到一夕離散。
緣分的深淺，總是忽近忽遠；
人心的冷暖，總是一直變幻。
熟悉的陌生了，陌生的走遠了；
人在情在，人走茶就涼。
其實人與人之間，全靠一顆心；
情與情之間，全憑一寸真，
將心比心，要有心；
以心換心，是交心。
有人惦記，再遠的路，也是近的；

有人掛念，再淡的水，也是甜的。
有人思念，再長的夜，也是短的；
有人關懷，再冷的天，也是暖的。

★美好的一天，從有人惦記，就是幸福開始。

人生有一種遺憾，想做卻沒有機會；人生有一種悲哀，有機會時卻沒有把握。

如果今天你很貧窮，是因為你懷疑一切。
如果你什麼都不敢嘗試，你將永遠一事無成。
商機就是：
在別人懷疑時，你行動了。
在別人行動時，你賺錢了。
當別人賺錢時，你成功了！
人生有一種遺憾，想做卻沒有機會。
人生有一種悲哀，有機會時卻沒有把握。
人生有一種後悔，把握了卻不敢行動。
你行動的速度，決定你口袋裡錢的厚度！
★美好的一天，從速度決定競爭力開始。

每一件事都是一體兩面，它在給我們展示壞的一面時，也在無形中給予了好的一面。

當我們的身心受到傷害，
遭遇欺騙時，
一味抱怨或者耿耿於懷，
只會讓自己深陷傷痛之中，最終無法自拔。
如果能夠懷著一顆感恩的心，
不管別人用什麼方式來對待你，
你都能夠把他們對自己造成的傷害看成是，
一句告誡、一股力量，
來提示自己不要犯錯，激勵自己成熟起來，堅強起來。
每一件事都是一個雙面體，
它在給我們展示壞的一面時，
也在無形中給予了好的一面。

當我們面對困難與挫折，
失敗與痛苦時，
不妨換個角度想一想，
試著用感恩的心態去理解和面對。
感謝那些給我們傷害的人，
是他們磨練了我們的心智，
增進了我們的智慧，
讓我們學會辨別好壞，
也是他們讓我們學會了堅強，
懂得了眼淚是笑容的開始，
也懂得了加倍珍惜那些對我們好的人。

★美好的一天，從當學會用感恩的心去面對挫折，接受失敗與傷害開始。

每天記下一件讓你感激的事。

記錄感激之事，
目的是為了讓自己體驗被幫助、
被關心、被呵護的幸福感受，
而絕不是枯燥無味的家庭作業。
養成記錄感激之事的好習慣，
就如同在每日提醒著自己知恩圖報，
用感恩的心態幫助他人，給對方帶來幸福。
每天只需花上一點點時間，
記錄下一件令自己感激的事情，
久而久之我們就會發現，
家人的一句叮嚀，戀人的一頓早餐，朋友的一次關懷，
都像是上天給予我們的禮物那樣寶貴，
值得我們用心去珍惜。

★美好的一天，從每天寫下感恩的事，你會更快樂開始。

一萬個美好的「将來」，也比不上一個值得的「現在」。

紛擾複雜的社會中，應該如何讓自己感受幸福？
是沉溺於過往？
還是寄託於未來？
都不是。
過度地回憶會讓人產生悔恨與羞恥感；
而一味地展望未來，則會讓人產生失望和恐懼感。
只有把注意力轉移到眼前，
全身心投入於當下的時候，
我們才能體驗到此時此刻的感受，
專注於正在進行的事情，
看到現實的真面目，
並對所期待的未來起到正確的指引作用。

★美好的一天，從專注當下，感受生命開始。

心中有是非，就會說是非、聽是非、傳是非、較是非。

「不說是非」四個字是很不容易做到的。
我們天天都在搬弄是非，搬弄得非常多。
嘴上沒有說，心裡在說。
是非就是你對我錯。

其實，佛法講因緣，修行人不可以跟世間人一般見識，
來做法官、做裁判，判你對我錯、是非曲直，
而是要站在佛法的立場，以更高的姿態來包容所有的人。
心中有是非，就會說是非、聽是非、傳是非、較是非。
心中沒有是非，自然不會說是非，也聽不到是非，
當然更不會傳播是非、計較是非。
所以要切實去思維它，單單一句「不說是非」，
就不是那麼簡單的一件事。
當然我們可以從最基本的做起。

★美好的一天，從不道人是非開始。

當我們明白了痛苦與失去的意義，我們也就得到了成長，學會了生活。

痛苦為我們開通人生道路上的嶄新出口，
而失去則像一針營養劑，
催促我們更快地成長，幫助我們擁有更好的生活。
我們的心理也像身體一樣，
擁有著應對失去的強大力量。
失去，讓我們體會到了心碎的滋味，
墮入了被否定的深淵中，
無法再去相信任何人，無法憧憬未來的美好。
這道傷口會成為心中永遠的烙印，讓我們隱隱作痛。
但正因為經歷過失去，我們更明白了自己的不足，
慢慢地學會了怎樣去愛，又怎樣珍惜愛。
當我們明白了痛苦與失去的意義，
也就意味著我們得到了成長，學會了生活。

★美好的一天，從在痛苦中歷練，成就更好的明天開始。

人生沒有多少事情會比快樂更重要。

豁達一點，看淡一些吧！

因為人生沒有多少事情會比快樂更重要。

一段路，走了很久，依然看不到希望，那就改變方向；

一件事，想了很久，依然糾結於心，那就選擇放下；

一些人，交了很久，卻感覺不到真誠，那就選擇離開。

決定命運的，是你的選擇；

選擇對自己負責，命運就會對你負責。

感恩分享正能量是負責尋找好的故事，當一個能量供應站，

但如何讓更多人看到，就要靠各位的讚與分享……

終究有一天你分享的文章，會被你最重要最在乎的人看到，

但不見得是你分享的，因為所有人的分享，才有可能完成這件事情！

★美好的一天，從正能量分享，正能量培增開始。

人生之累，累在心，生活之難，難在人。

人生最美妙的事情就是聽從自己內心的呼喚，勇於挑戰。

但不少人卻期待凡事都獲得別人的認可，

要知道，這樣只會羈絆自己的前行之路。

人生之累，累在心，

生活之難，難在人，

我們總是心有不甘，

為生活的種種不如意而心煩，

為人生的境況不如願而悲傷，

許多事，盡力而倍感為難，

許多人，相識而又感到艱難，

生活總是留給我們許多為難，

讓我們處處艱難，

其實，好多傷感，半是生活，半是自己。

★美好的一天，從最好準備最壞打算，盡力就好開始。

人生就像一列火車，從起點駛向終點，但卻沒人能知道自己的終點在哪裡。

只重視結果的人，美麗是短暫的，
忽視過程的人，生命只是兩個點。
只有活在生命過程中的人，
才能感受長久的美麗，
才會用細膩的心去體驗生活，
才能領略生活的各種樂趣。
人生就像一列火車，
從起點駛向終點，
但卻沒人能知道自己的終點在哪裡。
於是，有的人走得遠，有的人走得近。
有的人樂觀積極，
從容優雅地欣賞著沿途五彩繽紛的風景，

感慨人生多麼美好；
有的人消極低迷，
在推搡和擁擠中窘迫地趕路。
選擇做人生旅途上哪種類型的人，
完全取決於我們每個人對生活的態度。

★美好的一天，樂觀積極，欣賞沿途風景開始。

真正的愛之源頭，其實來自於每個人的內心。

愛自己才能愛別人。
大多數人認為，
愛必須要有一個對象才能進行，
然而事實並非如此。
真正的愛之源頭，
其實來自於每個人的內心。
如果一個人無法感覺到心中的愛，
那麼他也就不能讓愛的小溪流向別人的心田，
也就談不上愛對方。

★美好的一天，從愛源於自我，學會愛自己，才能愛別人開始。

心的練習
第331天

一個人如果能夠控制自己的激情、欲望和恐懼，那他就勝過國王。

「事情怎麼會變成這個樣子？」
很多時候，我們都在追問這個問題。
明明是一件好事，
卻因為自己一時的頭腦發熱，
或者口無遮攔變得糟糕，
甚至不可收拾。
這就是情緒的力量。
情緒運用得當，
能夠激勵你實現自己的理想、克服最嚴重的創傷，
反之，會讓你因為小挫敗而動彈不得。
生命總是會帶來驚喜，也會帶給你痛苦。
如果不能有效運用和管理情緒這把「雙刃劍」，

你就永遠不知道下一步它會給你帶來什麼。

情緒，讓你歡喜讓你憂。

一個人如果能夠控制自己的激情、欲望和恐懼，那他就勝過國王。

★美好的一天，從掌握了情緒，也就掌握了生命的鑰匙開始。

做個最真實、快樂的自己吧。

親愛的自己，從今天起，讓自己平淡快樂的活著，
學著愛自己，我是獨一無二的，
做個最真實最快樂的自己吧。
不去在意一些人和一些事，
順其自然，用最佳心態面對一切，
因為世界就是這樣，往往在在乎的事物面前，
我們會顯得沒有價值。
親愛的自己，用心做人，用愛待事！
忘記昨日所有過的煩惱；
明天依然是初升的太陽！

★美好的一天，從珍愛自己，海闊天空開始。

身處逆境時，我們堅守希望，才能走出困境。

在人生的大舞臺中，
無論是誰，都不可能永遠是鮮花坦途，總會有荊棘坎坷，
身處順境時，
我們居安思危，路才長久。
身處逆境時，
我們堅守希望，才能走出困境。
無論怎樣，我們都是自己生命電影中的主角。
命運的安排，成為我們修練的助緣。
心懷善念，堅持信仰，
發揚正能量，感恩身邊人，
收穫清淨和喜悅。

★美好的一天，從堅定信念，逆增上緣開始。

心的練習
第 334 天

順境和逆境是書寫人生的兩張紙，相互承載了人生的酸甜苦辣。

順境和逆境是書寫人生的兩張紙，
相互承載了人生的酸甜苦辣。
人的一生不可能是一帆風順的，
總會遇到困難。
總有很多不可控的因素，使你陷入逆境。
這時候一定要穩住，不能亂了陣腳，
陣腳一亂，就失去翻盤的機會。
遇到逆境先穩住，你要做的，
不是接下來立刻就要贏，而是現在不能輸。
先穩住當下，控制局面，不讓情況惡化。
然後積聚力量，等待機會。
一時的順境不代表永遠的順境，

一時的歡樂未必是永遠的歡樂。

運氣不可能永遠站在你這裡，

一個人順風順水獲得成功不是本事，

一個人能抵抗逆境才是能力。

★美好的一天，從青山常在，逆境要穩，順境要定開始。

創造屬於你的第二十五小時。

過度用腦會使腦功能弱化，
內心抑鬱會加速心靈的衰老，
飲食無規會給身體帶來疾病。
善用時間等於珍惜生命，
透支了時間的人，
會受到疾病的折磨；
揮霍了時間的人，
會失去寶貴的年華。
為了更好地把握一切，
就得學會給自己預留彈性，
這是一種韌性的智慧，
它能使我們的生命更有力度。

★美好的一天，從給生命預留彈性，創造屬於你的第 25 小時開始。

快樂是一種心境，跟財富、年齡與環境無關。

在我們遭遇挑戰，感到憂慮的時候，
如果能夠讓愛與熱情充滿心田，
那麼我們就能找到出路，收穫寧靜與成功。
真摯的情誼與大愛，
能夠化解世上的一切人際危機，
緩解人與人之間的矛盾與壓力。
而飽滿的熱情，能夠突破生活中的所有挑戰與難題，
推動人們走出陰霾，衝向勝利。
愛與熱情，是生命的最高共鳴，
心中有愛，充滿熱情的人才是最快樂的。
笑是愛的象徵，要讓自己快樂，
最好的方法是先令別人快樂。
行動不一定帶來快樂，但沒有行動則肯定沒有快樂。
★美好的一天，從你笑了，與人的感情就溝通了開始。

心的練習
第 337 天

面對失敗，不要太計較，但要學會檢討，找到原因。

每個人都有成功的機會，
面對失敗，不要太計較，
但要學會檢討，找到原因，且改掉壞習慣。
智力比知識重要，素質比智力重要，覺悟比素質重要。
方向大於方法，動力大於能力，做人大於做事！
時鐘可以回到起點，卻已不是昨天，
所有的故事，
美好的，叫做精彩；糟糕的，叫做經歷，
隨著年齡的增長，
緣分萬千，順其自然，
以心換心，才能永遠！

★美好的一天，從心想事成，順心平安開始。

世間沒有好走的經過，當然也要相信，所有的磨難背後，都是又一次峰迴路轉。

人生向前，是一個成長的課題，
是突破不是固執，
是思考不是糾纏。
生命的過往，
是凝聚那些積極的智慧，
堅韌的力量，
當然要清醒，
世間沒有好走的經過，
當然也要相信，所有的磨難背後，
都是又一次峰迴路轉。

★美好的一天，從柳暗花明，勇敢向前開始。

品行是一個人的內涵，名譽是一個人的外貌。

心小了小事就大了，心大了大事就小了，
看淡時間滄桑，內心安然無恙。
大其心，容天下之物，
虛其心，愛天下之善。
道德可以彌補智慧上的缺陷，
但智慧永遠彌補不了道德上的缺陷。
人的兩種力量最有魅力：
一種是人格的力量，一種是思想的力量。
品行是一個人的內涵，
名譽是一個人的外貌。
做人德為先，待人誠為先，做事勤為先。

★美好的一天，從有心量好人格開始。

感到害怕時，就召喚出內心的勇氣超人吧！

讓勇氣大於恐懼。

恐懼是生命中一副沉重的枷鎖，
它讓人害怕失敗，容易犯錯，
不敢冒險，甚至悲觀絕望。
當你感覺自己快要被恐懼感壓得喘不過氣時，
請立即召喚出自己心中的勇氣超人，
讓其變成滋潤心田的夢想家，為自己加油打氣，
最終破除恐懼的枷鎖，重獲力量與自由。
勇氣是面對畏懼、痛苦、風險、不確定、威脅的能力。
要有勇氣，才能勇敢做事。
當一個人敢於用自己來冒險，
敢於體驗新的生活方式時，
他才有可能變化和發展。

★美好的一天，從勇氣通往天堂，怯懦通往地獄開始。

所有的經過，都是一場修行。

生命中的經過，冥冥中都已經註定，
凡走過，皆是風景，
你所追求的，得之你幸，失之你命。
所有的經過，都是一場修行。
滄桑以前，走過一條荊棘叢生的路，
滄桑以後，烏雲密佈也無畏無懼。
佛法叫人要放下，但是放下之後，更要能提得起；
當你提起之後，還要能夠放得下。
人的心裡，嗔恨嫉妒、憂悲苦惱，負擔太重，應該放下；
責任公理、慈心悲願，應該提起。
當提起時，提得起；當放下時，放得下。
悟透了，參破了也就自然解脫了，
不言放下，也已放下。

★美好的一天，從提得起，放得下開始。

想要收穫成果，必先專注過程。

很多時候，我們的目標並不是那麼難以實現，高不可攀，
只是由於我們太過在乎結果，而對過程不夠專注。
想成為一流的名廚，
必須專注於日常的刀工雕刻與烹飪技巧；
想成為著名的歌唱家，必須專注於每一次發聲練習；
想成為一級方程式賽車手，必須專注於每一次的過彎超車訓練。
只有專注才能專業，只有專注才能造就成功。
因此，在樹立正確的目標後，
我們不妨把對於結果的期待暫時放一放，
嘗試著集中精神，
專注於實現夢想的每一個時刻。
到那時，我們就會發現，
自己已經成功一半了。

★美好的一天，從集中精神，專注於實現夢想的每一個時刻開始。

年輕時看遠，中年時看透，年老時看淡。

年輕時看遠，中年時看透，年老時看淡。

看遠，

看遠才能攬物於胸，

只看眼前美景，難見山外之山；

看透，

天下熙熙，皆為名來，

天下攘攘，皆為利往；

看淡，看淡不是不求進取，

也不是無所作為，

更不是沒有追求，

而是平和與寧靜，

坦然和安祥，

離塵囂遠一點，離自然近一點。

★美好的一天，從看遠看透看淡開始。

若無閒事掛心頭，便是人間好時節。

尊重生活，熱愛生活，
幸福的生活是自然而然本應如此，
讓那些煩惱，如雲煙散去，
讓那些幸福，在內心積澱。
春有百花秋有月，夏有涼風冬有雪，
若無閒事掛心頭，便是人間好時節。
誰都是在這世界上走過，人海茫茫，
誰都是一場辛苦，不要以為別人輕鬆，
從小到老，誰不是匆匆忙忙，
誰不是辛辛苦苦，忙忙碌碌、瑣瑣碎碎。
所以說，自己不去化解負面情緒，開導自己，
自己不做自己人生的詮釋者，誰又能代替你？

★美好的一天，從學會溫暖自己開始。

忘記你的過去，看重你的現在，樂觀你的未來。

當你能夠，
忘記你的過去，看重你的現在，樂觀你的未來時，
你就站在了生活的最高處。
當你明白，
成功不會顯赫你，失敗不會擊垮你，平淡不會淹沒你時，
你就站在了生命的最高處。
當你修煉到，足以包容所有生活之不快，
專注於自身的責任而不是利益時，
你就站在了精神的最高處。
當你，
以寬恕之心向後看，以希望之心向前看，
以同情之心向下看，以感激之心向上看時，
你就站在了靈魂的最高處。

★美好的一天，從以寬恕之心向後看，以希望之心向前看開始。

控制好自己的意志，就能創造自己想要的未來。

真正的自由源於心態。
人生在世，
任何人都不能控制外界事物的發生與發展，
唯獨能做的只有控制好自己的意志。
內心世界的真正自由，並不是由外在因素所決定的，
它完全取決於你的心態。
如果你無法掌控自己的心志，
讓情緒肆意宣洩，行動毫無章法，
那麼也就無法把握自己的人生，最終變成生活的傀儡。
相反，如果你能夠常保樂觀積極的心態，
面對任何困境都能泰然處之。

★美好的一天，從啟動內心的力量，去創造自己想要的未來開始。

成熟，就是懂得選擇，學會放棄。

當你看清了一個人而不揭穿，你就懂得了原諒的意義；
討厭一個人而不翻臉，你就懂得了至極的尊重。
活著，總有你看不慣的人，也有看不慣你的人。
你的成熟不是因為你，活了多少年走了多少路，
經歷過多少失敗，
而是因為你懂得了選擇，學會了放棄。
每個人心中所承受過來的那些壓力，
不是因為時間就沒有了感覺，
而是懂得了說與不說的取捨；
有些傷，不是不在乎，而是懂得了冷靜，
知道了包容與忍耐，
這就是心胸與格局，成長與成熟。

★美好的一天，從有愛，就不是負擔；有夢想，有使命，就不怕累開始。

生命的路上，也許偶爾會遇到陰雲霧霾，但你要學會依著風雨前行。

一個成熟的人，往往發覺，
可以責怪的人越來越少，人人都有他的難處。
一個簡單的人，
不會因為曾經的挫折坎坷，而憤憤不平，
也不會因為未來道路上的，
起起伏伏而畏首畏尾，
更不會因為，
偶爾命運的不公而頹廢低迷，
他會把這一切當成一種考驗，
用最溫柔的力量，戰勝一切不可跨越的困難，
懂得用一顆感恩的心，來對待生活的給予，
生命的路上，也許偶爾會遇到陰雲霧霾，
但你要學會依著風雨前行。

★美好的一天，從只要中有陽光，定會綻放最美的花朵開始。

用全世界的錢，也買不回自己的一生。

人，赤條條來，赤條條去，
無人能帶走一生經營的財富與功名，
用青春賺的錢，難以買回青春；
用生命賺的錢，難以買回生命；
用時間掙來的錢，難以掙回時間；
用全世界的錢，也買不回自己的一生，
所以，學會休息和快樂很重要，
把這段話送給我在乎的：
親人、同學、朋友、同事，
和一直關心、指導我的每一個人。

★美好的一天，從勞逸結合、笑口常開、身體健康、天天都有好心情開始。

最好的人，不是有多完美，而是有多珍惜。

有一種人，不會說甜言蜜語，卻會付出真心；
有一種情，超越任何感情，只因一份珍惜；
有一些話，無需開口就已知道，來自內心深處，
有一些愛，不需要太多言語，只是一份最真的讚許。

人與人，若是真誠就可交心；
心與心，若是信任就可相知。
最美的話，不是有多動聽，而是有多真；
最好的人，不是有多完美，而是有多珍惜。

一份緣，相遇在人海；
一份情，守候在歲月；
一份愛，發自內心；
一份感動，來自信任。

★美好的一天，從有情的人生最好，有愛的路途最美開始。

心放平，一切就都是平的。

生活本來是一種磨難，
該承受的就要承受，不要計較太多，
能讓他過去，就過去，
看事用平常心，看人要用慈悲心，
心放平，一切都是平的，
看似生活美好，內涵包羅萬象，
人生只不過，就是一場戲而已。
每天醒來，告訴自己：
微笑才會美，奔跑才會有力量，努力才會成功！
做一個勤奮的自己；
人生，不是因為年輕而精彩，而是因為精彩而年輕！
和聰明人交流，和積極的人共事，和幽默的人隨行。
人生若能如此，就是最大的幸福。

★美好的一天，從每天的一句正能量，開心快樂每一天開始。

一個人的價值不在於「擁有」什麼，而在於為旁人「付出」了什麼。

很多人常會有懷才不遇的感慨，
覺得為什麼自己有那麼多的優點、才華、能力，
但卻沒有人懂得欣賞呢？
在人們眼中似乎總被忽略、冷落，
其實，一個人在這世界上的價值，
不在於其「擁有」什麼，
乃在於其為旁人「付出」了什麼，
乃在於其為旁人貢獻了什麼。
一個人的存在，
如果無法成為別人的祝福，
那麼擁有再好的條件也是枉然。
讓自己的存在，成為別人的祝福。

讓自己的存在，為別人帶來香氣。
讓旁人的日子因為有你，
而變得更美好，那怕只是，
多做一個小動作，多幫忙一件小事，
都可能會有許多意外的驚喜與感動。

★美好的一天，從讓你的一小步，成為感動社會的一大步，做一個有香氣的人開始。

與人溝通的秘訣，就是要放下自我的成見。

淡泊就是一個不焦慮的活法，

還人生一個輕鬆，還人生以灑脫從容和簡單，

放下那些生活的邏輯與糾結，沉重與得失，

還人生一場，平平淡淡，還人生一場精彩深刻。

好的開始，是慎始；善的結果，是有終。

常與人爭，是愚者；與人無爭，是智者。

凡事皆是變數，故我們當隨緣；

隨緣是盡人事聽天命。

錯不知錯，是無知；錯不能改，是無救。

與人溝通的秘訣，就是要放下自我的成見。

與人相處的要訣，就是要真心的接受對方。

★美好的一天，從心要堅持亦不執著；事要把握亦要隨緣開始。

感恩生命中遇見的每一個人。

每一個出現在你生命裡的人，
都是有原因的，
有的人是為了來欣賞你，
有的人來是為了心疼你，
有的人來是為了利用你，
有的人來是為了考驗你，
有的人來是為了修煉你，
有的人來是為了教育你。
但無論如何，你都要感激，
他們每一個人，因為他們，
最終成就了你，完善了你。
人生如果容易，就不會從哭泣開始！

★美好的一天，從一生一會，感恩我生命中遇見的每一個人開始。

學會沉默。

遇到不信任、懷疑你的，
你的真誠就是謊言，
即使掏心掏肺，也是枉然，
所以，學會沉默。
遇到輕視你的，你的份量再重也會輕如鴻毛，
所以，不必在意。
遇到不懂你的，你的用心用情付出，
也會被認為是耍小聰明，
所以，學會隨意。
在乎你的不需要解釋，因為懂得，
不在乎你的不必解釋，因為不值得，
從容微笑面對一切紛爭，養成一個大氣的人，
不斷修煉自我，成就更完美的自己。

★美好的一天，從莫負時光，用最美的心情迎接每天的朝陽開始。

人的一生，不可能不受挫折，在受挫時，更要平心靜氣地享受寂寞。

古往今來，凡成就大業者，
無不是一門心思，殫精竭慮。
不在寂寞中奮鬥，不在奮鬥中積累，何來一鳴驚人？
人的一生，不可能不受挫折，
在受挫時，更要平心靜氣地享受寂寞，
養精蓄銳，十年磨一劍，蓄勢而發。
海洋江河都是長流不息的迴圈，才可以保持自己的充足；
花草樹木都是常青不停的蓬勃，才可以保持自己的生機。
機遇總是垂青於有準備之人，
沒有韌性的堅持、耐心的等待、風雨的經歷，
就沒有機會，看到美麗動人的彩虹。
如果總是淺嘗輒止、一知半解，就很難獲取機會的眷顧！
★美好的一天，從腳踏實地，機會永遠給準備好的人開始。

人生，走上坡路時要低頭，走下坡路時要抬頭。

人生，走上坡路時要低頭，走下坡路時要抬頭。
因為，沒有誰的一生能一帆風順，
有得意，亦會有失意。
故臻臻日上之時，
切莫驕傲自滿，忘了來路的艱辛，
要懂得珍惜，更要懂得謙卑；
而遇到挫折、失意之時，
要學會以積極的心態看待，
以進取的精神繼續追求。
得意時不張狂，失意時不消沉，
看淡得失，一路向前。

★美好的一天，從不得意忘形，不懷憂喪志開始。

向前有向前的世界，轉身，也有一片向後的世界。

人生好比一條曲曲折折的道路，
一路行來，有時風光明媚，有時崎嶇驚險。
人生的奇妙在於，有時要直驅向前，有時要委曲婉轉。
例如遇到挫折的時候，要奮起，
富貴榮華的時候，要知道隱晦，
向前有向前的世界，但爬到人生最高點，
轉身，也有一片向後的世界。
不是靠淚水博得同情，
而是靠汗水贏得掌聲，
做別人不想做的事，
承受更多的困難，
才能贏得人生精彩。

★美好的一天，從不是沒有眼淚，而是含著眼淚繼續奔跑開始。

煮飯、洗碗、做家務，也是一種修行。

真正的修行不在山上，不在廟裡，
不能脫離社會，不能脫離現實，
要在修行中生活，在生活中修行，
你的工作環境就是你的道場，
修行是什麼？是不是一定要脫離生活，
跑到廟裡拜佛念經呢？
是不是一定要專職打坐、閱讀靈修書呢？
當生活出現了問題，
我們總感覺是生活的問題，打亂了我們的修行。
其實修行與生活是一體的，
修行的目的也是為了解決，生活中的實際問題，
離開了生活談修行，總不免是在逃避問題……
只要你專注當下，煮飯、洗碗、做家務，也是一種修行。

★美好的一天，從時刻檢查自我，丟棄自己的傲慢、貪求開始。

不要貪戀沒意義的人或事，拎著垃圾的手，怎麼騰得出來接禮物。

面對情緒，人就跟垃圾車一樣，
大道理我們一個比一個懂，
但決定我們大多數喜怒哀樂的，
不還是一些不講理的小情緒。
心裡的垃圾定期倒一倒，
心情不好的時候刪東西，
不要貪戀沒意義的人或事，
拎著垃圾的手怎麼騰得出來接禮物，
讓你難過的事情，有一天，你一定會笑著說出來，
相同的事情，時間不同，心境不同，態度也就不同。
所以，再委屈的事，不必來不來就傷心難過，
而是先靜一靜，再換個角度想想，你會發覺，
世上值得你犧牲心情和健康做代價的事情實在沒多少。

★美好的一天，從你若不傷，歲月無恙開始。

每個人都有自己的獨特之處，不要辜負了生命的旅程。

為人，永遠不要疑惑自己的人生，
切莫攀比他人的幸福，抱怨自己如何的不如意。
平凡的生活，需要一份心態的平和。
每個人都有自己的獨特之處，
不要辜負了生命的旅程，
切莫在嫉妒和羨慕中迷失自我。
最使人疲憊的，往往不是道路的遙遠，
而是你心中的鬱悶；
最使人頹廢的，往往不是前途的坎坷，
而是你自信的喪失；
最使人痛苦的往往不是生活的不幸，
而是你希望的破滅；
人，最大的敵人是自己，最難戰勝的也是自己！

★美好的一天，從百味人生，知足常樂，才能自在逍遙開始。

心境決定處境。

生活是由內而外的，
你快樂，
身邊的環境就會愉悅；
你悲傷，
周圍就會充滿挫折與不順。
萬事萬物都是中立的，
沒有絕對的正面與負面，
讓它積極還是消極，
完全取決於你的心境。
當你學會用樂觀的心態看待一切事物，
生活也會變得越來越美好。

★美好的一天，從心境決定處境，心快樂了，處處都是好風景開始。

用全新的眼光看生活，也許會有意想不到的發現。

每天中規中矩的穿著職業裝，你覺得辛苦嗎？
每天朝九晚五的上班下班，你覺得乏味嗎？
每天沿著同一條路線走來走去，你覺得枯燥嗎？
現代生活越來越禁錮著人們的思維，
生存的危機感和責任感，
使得我們每一個人，都不得不按照相同的模式去生活，
久而久之，一成不變的生活，開始讓我們覺得乏味，
於是情緒的危機也逐漸開始蔓延。
角色的轉換會讓人找回新鮮感，找回生活的樂趣。
我們熱愛我們的生活，卻也習慣於它的平凡和波瀾不驚。
如果可以從另外的角度去感受生活，
生活也許就會變成一首詩、一幅畫，或者一支霜淇淋，
不再是車輪輾過的廢墟。

★美好的一天，從用全新的眼光感受生活開始。

感激使你心碎的人。

我們的身邊往往會出現一些特殊的角色，
比如把你踩在腳下的對手，
背叛你的朋友，欺騙你的情人等等，
他們用激烈的行為和舉動，
重重地傷害了你的真情，讓你心碎，
對這個世界充滿憤恨。
其實，他們正是在用特殊的方法挑戰你的能力，
讓你看到自己的弱點，
從而取長補短，獲得有力地成長。
因此，大可不必嗔恨於那些讓你心碎的人，
反而應該心存感激。

★美好的一天，從感恩使我們更快樂開始。

生活就像一間教室，每個人都是到這裏來學習的學生。

生活歷練成長。
生活中難免有些事情讓你覺得難過，
感到沮喪或不愉快，
然而這並不能說明你就此失敗，
更不能說對你毫無益處。
就像藥品，
雖然吃下去會不怎麼好受，
但卻能讓你恢復健康。
生活就像一間教室，
每個人都是到這裏來學習的學生。
我們在挑戰與壓力中逐漸成長，
吸取經驗教訓，

最終變成一個富有智慧的人。

★美好的一天，從在壓力中成長，一天比一天更好開始。

書末語

給最親愛的你：

恭喜你持續了365天。
知道嗎？現在的你和第一天不同了。

我們回過頭來，
重新回味第365天、第364天、第363天……
讀起過去的篇章，心中的感受是不是不同以往了？
這是心的練習成果。

原本讀懂的，原本不懂的……
365個生活裡的心體驗。

你的心茁壯了，
你的人更上一層了；

原來，搞不懂的事情，一點也不難。
原來，曾經搞懂的事，不那麼單薄。
原來，每日的習慣能讓人收穫滿谷。

擦去筆跡，又是新的一天，再一次心的練習。
今天的你很好，明天也是。

更好的你　敬上

國家圖書館出版品預行編目（CIP）資料

每日一句正能量：給自己每天一次心的練習 / 陳辭修著. -- 第一版. -- 臺北市 : 樂果文化, 2018.5
面 ; 公分. -- (樂分享 ; 4)
ISBN 978-986-95906-2-4(平裝)

1.成功法 2.生活指導

177.2 107004581

樂分享 4

每日一句正能量：給自己每天一次心的練習

作　　　者 ／ 陳辭修
總　編　輯 ／ 何南輝
行 銷 企 劃 ／ 黃文秀
封 面 設 計 ／ 卓佩璇
內 頁 設 計 ／ 上承文化

出　　　版 ／ 樂果文化事業有限公司
讀者服務專線 ／（02）2795-3656
劃 撥 帳 號 ／ 50118837 號　樂果文化事業有限公司
印　刷　廠 ／ 卡樂彩色製版印刷有限公司
總　經　銷 ／ 紅螞蟻圖書有限公司
地　　　址 ／ 台北市內湖區舊宗路二段 121 巷 19 號（紅螞蟻資訊大樓）
電話：（02）2795-3656
傳真：（02）2795-4100

2018 年 5 月初版一刷　定價／ 330 元　ISBN 978-986-95906-2-4
2022 年 11 月　二刷（500 本）